AS CENAS TEMIDAS DO PSICOTERAPEUTA INICIANTE

Dados Internacionais de Catalogação na Publicação (CIP)
(Câmara Brasileira do Livro, SP, Brasil)

Pereira, Rubens Antonio
  As cenas temidas do psicoterapeuta iniciante : a construção do papel profissional do psicoterapeuta / Rubens Antonio Pereira. – São Paulo : Ágora, 2011.

  Bibliografia.
  ISBN 978-85-7183-083-7

  1. Psicoterapeuta e paciente 2. Psicoterapeutas 3. Psicoterapeutas – Formação profissional 4. Psicoterapia I. Título.

11-04495   CDD-150.195

Índice para catálogo sistemático:
1. Psicoterapeutas : Formação profissional : Psicologia 150.195

Compre em lugar de fotocopiar.
Cada real que você dá por um livro recompensa seus autores
e os convida a produzir mais sobre o tema;
incentiva seus editores a encomendar, traduzir e publicar
outras obras sobre o assunto;
e paga aos livreiros por estocar e levar até você livros
para a sua informação e o seu entretenimento.
Cada real que você dá pela fotocópia não autorizada de um livro
financia o crime
e ajuda a matar a produção intelectual de seu país.

RUBENS ANTONIO PEREIRA

AS CENAS TEMIDAS DO PSICOTERAPEUTA INICIANTE

A CONSTRUÇÃO DO PAPEL PROFISSIONAL DO PSICOTERAPEUTA

AS CENAS TEMIDAS DO PSICOTERAPEUTA INICIANTE
A construção do papel profissional do psicoterapeuta
Copyright © 2011 by Rubens Antonio Pereira

Editora executiva: **Soraia Bini Cury**
Editora assistente: **Salete Del Guerra**
Projeto gráfico e diagramação: **Crayon Editorial**
Capa: **BuonoDisegno**
Imagem de capa: **Marivand/Shutterstock**
Impressão: **Sumago Gráfica Editorial**

Editora Ágora
Departamento editorial
Rua Itapicuru, 613 – 7º andar
05006-000 – São Paulo – SP
Fone: (11) 3872-3322
Fax: (11) 3872-7476
http://www.editoraagora.com.br
e-mail: agora@editoraagora.com.br

Atendimento ao consumidor
Summus Editorial
Fone: (11) 3865-9890

Vendas por atacado
Fone: (11) 3873-8638
Fax: (11) 3873-7085
e-mail: vendas@summus.com.br

Impresso no Brasil

A Márcia, minha esposa, pelo amor, pela amizade, pelo incentivo, compartilhamento e pela cumplicidade.

A Eduardo, meu filho, por sua existência, alegria e meninice, bálsamo nos momentos de cansaço e sofreguidão.

A meus pais, Laura e Antonio, pelo carinho e pela colaboração nos momentos difíceis.

A Thays, minha filha, pela saudade dos bons momentos vividos e pelo lamento dos não vividos.

Agradecimentos

Ao professor doutor Christian Ingo Lenz Dunker, meu orientador do mestrado, pela continência, paciência, pelo respeito e incentivo que tornaram meu caminho seguro e desembaraçado.

Ao professor doutor Antonio Joaquim Severino, cuja seriedade e conhecimento foram paradigmas importantes para o norte deste livro.

À professora doutora Marisa Todescan Dias da Silva Baptista, "minha" coordenadora do programa de pós-graduação, cujo exemplo de dedicação e ternura quase maternal foi fonte de inspiração e confiança.

À professora Rosa Maria Rizzo M. Santos, coordenadora do curso de psicologia da Universidade São Marcos, cujo acolhimento e colaboração possibilitaram a realização desta obra.

Ao professor doutor Arthur Kaufman, pelas valiosas sugestões e críticas construtivas.

Aos formandos do curso de psicologia da Universidade São Marcos, que acreditaram na possibilidade de melhoria da qualidade da formação profissional ao participarem da pesquisa.

Aos meus colegas do mestrado, pela amizade, solidariedade e cumplicidade durante o percurso daquela etapa de vida.

Aos meus alunos e pacientes, espelhos virtuais e fonte de inspiração e experiência.

À doutora Aparecida Najar, diretora das Faculdades Integradas de Guarulhos, minha gratidão por seu espírito humanitário.

À professora doutora Maressa de Freitas Vieira, pela generosidade, pelas valiosas colaborações e pela revisão deste texto.

Sumário

Prólogo 11

Introdução 13
 O olhar sobre as CTPI 15
 Caminhos a ser percorridos, ações e atores 18
 O estudo de caso 21
 Os componentes 23

1 A teoria 31
 O homem na visão moreniana 32
 O desenvolvimento humano 35
 Teoria de papéis 48
 Considerações sobre o conceito de cena temida 52

2 Sobre os fatores predisponentes 58
 A escolha do curso 58
 Projeto de vida *versus* busca interior 63
 As identificações com psicopatologias e o professor como psicoterapeuta 65
 A postergação da psicoterapia 68
 A cristalização da criatividade-espontaneidade 69

3 Sobre os fatores externos 71
 A questão curricular 71
 O viés dos professores 75
 A postura do psicólogo clínico e o desenvolvimento do papel profissional 78

4 Análise das cenas temidas do psicoterapeuta iniciante 85
 Os depoimentos 85
 O *role-playing* 92
 Os comentários 123

5 Palavras finais 126

Referências bibliográficas 133

Prólogo

Tanto a aquisição de qualquer papel profissional quanto a falta de experiência no próprio exercício das funções deixam o estudante bastante ansioso. Causa-lhe estranheza o objeto de estudo que ele precisa incorporar e dominar. Especificamente na profissão de psicoterapeuta, as ansiedades são evidentes e intensificadas, visto que a matéria-prima a ser estudada por esse profissional é o ser humano. Sujeito e objeto podem se confundir, dependendo evidentemente da formação profissional de quem observa e "lê" esse objeto de estudo.

Na relação psicoterapeuta-psicoterapeutizando, inúmeras variáveis conscientes e inconscientes (no sentido amplo) se entrecruzam, mas uma delas merece destaque: a indiscriminação por parte do psicoterapeuta entre suas idiossincrasias e as de quem solicita sua atuação profissional.

Abordaremos aqui as chamadas *cenas temidas do psicoterapeuta iniciante*, fenômeno que ocorre em egressos do curso de psicologia quando de seus primeiros atendimentos profissionais, cuja indiscriminação torna-se um entrave para a atuação profissional. Esse fenômeno é caracterizado pelo medo paralisante que o psicoterapeuta sente diante de determinados pacientes, os quais, segundo a própria subjetividade desse profissional, constituem ameaça para ele, além das inseguranças e ansiedades inerentes ao desempenho de sua profissão, constituindo, assim, um novo problema para o desempenho profissional.

Isso, no entanto, não significa que os psicoterapeutas mais experientes estejam livres da emergência desse fenômeno, pois tal situação pode ocorrer na trajetória de qualquer profissional, já que nossa identidade e, consequentemente, nossos papéis – sejam eles quais forem – não são estáticos, ou seja, estão em constante transformação.

Procuramos levantar os fatores que contribuem para a emergência do problema anteriormente citado por intermédio da teoria psicodramática e do exemplo de um grupo de aprendizes de uma universidade, verificando e ilustrando a ocorrência desse fenômeno. Desse modo, reafirmamos a extrema complexidade da aquisição e desenvolvimento do papel profissional do psicólogo, demonstramos um fenômeno que é comum à maioria dos psicoterapeutas e propomos o repensar da formação profissional, para que se alcance a eficiência e a eficácia no seu exercício.

Introdução

> *Atualmente, o aluno é, em geral, tratado como se fosse um sapo cujo córtex cerebral houvesse sido removido. Só lhe permitem reproduzir papéis que estejam em conserva.*
> Cukier, 2002, p. 76

Ao lecionar para alunos do curso de graduação em psicologia, um dos temas que sempre se tornava motivo de discussão em sala de aula era a formação profissional. Entre os principais questionamentos – os quais presenciei e dos quais participei – estava o de como atender um paciente na clínica-escola.

Os alunos sentiam que lhes faltava tanto um conhecimento teórico mais profundo quanto a prática, embora na graduação eles houvessem aprendido sobre muitas correntes de pensamento e tivessem obtido uma provisão adequada de testes psicológicos. No entanto, por mais que estagiassem e recebessem orientações sobre manejos técnicos de situações profissionais, faltava-lhes um complemento que fizesse referência ao que fazer e a como atender. E questões como essas eram levantadas apesar das participações em simulações e em dinâmicas de grupo, nas quais situações de atendimento eram tratadas como um modo de contribuição para o desenvolvimento do papel profissional.

Essas perguntas remeteram-me às minhas próprias questões no tempo em que eu ainda cursava os estágios supervisionados. No curso de especialização em psicodrama, esses mesmos questionamentos emergiam, as mesmas dúvidas estavam presentes, mas algumas delas foram respondidas por intermédio de técnicas específicas utilizadas nas supervisões com enfoque psicodramático, as quais visavam a trabalhar as possíveis dificuldades que os alunos manifestavam durante os atendimentos.

Por meio da prática clínica, atendíamos alunos de psicologia que também comentavam em suas sessões as dificuldades sentidas diante do mesmo tema. Percebemos que, além da dificuldade de administrar a bagagem do conhecimento, os alunos manifestavam dificuldades pessoais no trato com as questões de atendimento advindas de suas histórias de vida. Com isso, programamos atividades com o intuito de delinear quais eram as dificuldades que surgiam entre os alunos e as transformamos em um curso de extensão universitária intitulado "A construção do papel clínico", que levava em conta também nossas próprias questões. O curso contava com dramatizações realizadas pelos alunos diante das situações classificadas por eles como ansiógenas e visava diminuir a ansiedade relacionada ao atendimento de um paciente fictício, criado pelo próprio grupo de alunos.

No decorrer da atividade, evidenciaram-se emoções e sentimentos de tonalidades intensas ligados a diversos conflitos, vinculados a determinadas dinâmicas de personalidade dos pacientes que seriam atendidos, bem como a dificuldade ou entrave manifestado pelo aluno/psicoterapeuta. Para realizar esse trabalho, utilizamos "um pouco de bom senso, um tanto de conhecimento teórico e prático da matéria lecionada, um quê de intuição e uma pitada de empatia com os alunos [...]" (Kaufman, 1992, p. 11).

O resultado desse curso de extensão é que determinados atendimentos se tornaram difíceis, pois não diziam respeito somente à falta de experiência e de recursos técnicos por parte do aluno, mas denotavam questões pessoais que emergiam diante da situação fictícia de atendimento proposta. Existia uma situação de vida ligada àquele momento que estava sendo vivenciada pelo aluno. A essa situação ameaçadora, caracterizada pela exacerbação de sentimentos de medo e insegurança, denominamos "Cena Temida do Psicoterapeuta Iniciante" (CTPI).

Diante da CTPI, refletimos sobre uma série de fatores que, divididos em dois grupos, contribuem para sua emergência: o primeiro envolve a formação acadêmica do aluno, que parece não oferecer suporte para que ele desempenhe as funções de psicoterapeuta, maximizando a teoria em detrimento da prática; o segundo está relacionado às dificuldades existentes na história de vida pessoal do estudante, dificuldades estas que pareciam ainda não ter sido solucionadas por um processo psicoterápico.

No primeiro grupo, analisamos as influências da estrutura do curso de psicologia na aprendizagem do aluno: os conteúdos programáticos ministrados, a passagem do estudante do aprendizado teórico para a prática, a relação professor-aluno, a postura do professor nessa relação, a posição do aluno em relação ao professor e a construção de seu papel profissional.

O segundo grupo diz respeito à história de vida pessoal do aluno e aos aspectos relacionais que podem estruturá-la: os dinamismos psicológicos que podem surgir a partir do estabelecimento de suas primeiras relações terapêuticas, os quadros neuróticos que podem se instalar a partir desses dinamismos e a cristalização da espontaneidade-criatividade.

Sob a visão psicodramática criada por J. L. Moreno e por alguns de seus discípulos, desenvolvemos nossa reflexão sobre as CTPI e, em seguida, passaremos à conceituação de "cena" e de "cena temida", procurando formalizar e discutir tal ideia. Mais adiante, apresentaremos e analisaremos o estudo de caso de um grupo de alunos do período noturno do curso de graduação em psicologia de uma universidade paulista. Esse estudo de caso ilustra a ocorrência, o diagnóstico e os fatores intervenientes das CTPI. Dessa maneira, propomos que a qualidade de formação dos psicoterapeutas seja repensada.

O OLHAR SOBRE AS CTPI

As CTPI podem ser definidas como cenas ameaçadoras para o psicoterapeuta iniciante diante da possibilidade de atendimento ou no próprio atendimento a pacientes com determinados traços de personalidade e/ou dinâmicas psicológicas apresentadas no processo terapêutico. Os núcleos de neurose do psicoterapeuta interferem em sua percepção devido à cristalização de sua espontaneidade e criatividade, o que independe da falta de experiência profissional. O que também parece distinguir uma cena temida da ansiedade e do temor naturais no desempenho de uma nova função ou de um novo papel é uma espécie de paralisia psicológica, um titubeio (Bally, 1964), um "medo-que-paralisa", o qual acomete o psicoterapeuta que a vivencia. Essa paralisia psicológica vem acompanhada de intensas emoções e ansiedades ligadas a cenas conflituosas da história de vida do psicoterapeuta iniciante.

Por outro lado, a cena temida parece não depender somente da subjetividade, das questões inconscientes ou do imaginário do indivíduo que a sente, ou seja, ela pode ser concretamente ameaçadora, o que colabora para intensificar seus efeitos.

Em princípio, focalizamos o estudante de psicologia que está iniciando seus estágios supervisionados, pois ele está mais sujeito ao fenômeno, mas vale lembrar que o mesmo ocorre com profissionais já habilitados. Para tanto, classificamos os fatores que podem influenciar a emergência das cenas temidas em *predisponentes* e *externos*, levando em conta a formação oferecida pelo curso de psicologia e os aspectos que envolvem a estrutura curricular, os quais implicam problemas de aprendizagem e de ensino.

Os fatores predisponentes, que dizem respeito à idiossincrasia do aluno, à sua dinâmica psicológica e que podem predispô-lo ao fenômeno são característicos dos recursos internos de que ele dispõe. Nesse sentido, podemos dizer que, quanto maiores e melhores forem esses recursos, menos predisposto ele estará às influências dos fatores externos que, associados aos predisponentes, propiciariam a emergência das CTPI. Estamos nos referindo aos recursos internos como atributos da personalidade do indivíduo, que são compostos pelas características inatas e pelas características adquiridas por ele ao longo de sua existência.

Assim, destacamos principalmente as características do desenvolvimento psicológico, isto é, os núcleos neuróticos desenvolvidos nas raízes da evolução psicológica do estudante. Esses núcleos neuróticos são compostos pelas experiências vividas nos primeiros relacionamentos durante a infância do indivíduo, os quais modelaram seu psiquismo e sua subjetivação. São esses núcleos que norteiam as motivações latentes da escolha do curso, bem como a busca do professor no papel de psicoterapeuta, a identificação com os quadros psicopatológicos aprendidos ao longo dos estudos e a postergação do início de seu processo psicoterápico. Supomos que esses aspectos predispõem o indivíduo às CTPI porque neles estão envolvidas questões transferenciais, defesas intrapsíquicas e vínculos compensatórios com coisas ou pessoas que favoreçam a eleição de uma cena como temida.

Segundo Moreno (1975), outro importante fator predisponente é a cristalização, o arrefecimento ou até a ausência das expressões de espontaneidade e criatividade, consequências da emergência dos núcleos neuróticos. Supomos que tal cristalização é a matéria-prima das CTPI.

Com a ausência ou distorção da espontaneidade-criatividade, as vivências registradas nos primeiros relacionamentos fazem que o psicoterapeuta em formação responda transferencialmente diante da situação que sente como ameaçadora e sofra uma espécie de paralisia que o impede de lidar adequadamente com o atendimento. Nessa situação, o paciente funciona como um elemento de atualização das CTPI, denunciando também possíveis problemas vinculares que podem estar presentes na relação psicoterapeuta-paciente.

Os fatores externos relacionados à formação oferecida pelo curso de psicologia envolvem a estrutura curricular e implicam problemas de ensino e de aprendizagem específicos do processo de formação profissional – como a estruturação, a internalização e a incorporação dos conteúdos programáticos do curso –, os quais não propiciam ao aluno o desenvolvimento de sua identidade profissional, privilegiando o aspecto racional e intelectual desse aluno em detrimento do aspecto vivencial, provocando, dessa forma, uma cisão entre o entendido racionalmente e o sentido.

O nível de profundidade e as possíveis distorções no ensino das diversas teorias e técnicas psicológicas remeterão o aluno a uma confusão acerca de como o ser humano deve ser visto, em detrimento do que é sentido na experiência vivida. Além disso, tanto a questão da quantidade de alunos presentes nos grupos de supervisão quanto o pouco tempo dedicado a eles dificultarão a integração entre a teoria aprendida e a prática do treinamento, o que pode culminar na ausência de um espaço para a aquisição da identidade profissional, já que o manejo e conscientização com suas figuras e seu mundo interno são relegados somente às psicoterapias pessoais.

CAMINHOS A SER PERCORRIDOS, AÇÕES E ATORES

De acordo com esses olhares, temos três tópicos: a definição de "cena temida", os fatores que concorrem para que ela ocorra e o estudo de caso.

O conceito de CTPI tem origem em observações feitas por meio de minha experiência como estudante, psicoterapeuta, professor universitário e coordenador de curso. Ao desenvolver esse primeiro tópico, associo também a experiência de Kesselman, Pavlovski e Frydlewsky (1984), que trabalharam com o mesmo fenômeno em diferentes situações e com diferentes manejos.

Em seu texto, os autores relatam um trabalho desenvolvido na Espanha e na Argentina, onde as cenas temidas ocorrem nas equipes multidisciplinares e naqueles que são atendidos clinicamente por eles por intermédio de uma intervenção que associa supervisão e psicoterapia psicodramática. Aqui, tratamos as CTPI como um fenômeno com fatores que contribuem para sua emergência e seu diagnóstico. Não nos preocupamos, a princípio, com o atendimento ou tratamento das cenas, porém, esse é um caminho importante a ser adotado na formação profissional do psicólogo.

O ponto comum entre as duas propostas é o da importância das CTPI, que, em diferentes experiências, ocorridas em diferentes países, nos coloca diante da mesma situação: indivíduos em fase de assunção do papel profissional podem vivenciar a emergência de tal fenômeno, isto é, as CTPI são um fenômeno de ampla incidência e, como tal, devem ser observadas com maior atenção. No item sobre teoria da cena descreveremos mais detalhadamente o trabalho desses autores.

Na análise dos fatores predisponentes, que dizem respeito à idiossincrasia do aluno, passaremos à discussão de aspectos como o processo da formação em psicologia, a aquisição da identidade profissional e o perfil dos alunos que ingressam e egressam do curso. Entre esses aspectos, incluímos os modos de subjetivação dos indivíduos, que nos fornecem subsídios sobre a origem social dos alunos e sua expectativa diante da carreira de psicólogo. A partir desse olhar, estabelecemos as relações de tais aspectos com questões e entraves que surgem em seu desenvolvimento psicológico. Nesse grupo de fatores, levamos em consideração o perfil dos indivíduos que escolhem o curso de psicologia, suas motivações e suas identificações – o que nos deixará bem próximos da realidade vivida pelos alunos nas universidades. Essa discussão é realimentada por meio da discussão que discrimina o que é do indivíduo, o que é do meio social e o que tem função de influência na assunção do papel profissional.

No que tange à psicopatologia, o psicodrama serve de paradigma para nos auxiliar a refletir sobre os aspectos neuróticos emergentes nos indivíduos que, em fase de assunção do papel profissional, podem ter prejuízo no processo em virtude da ocorrência das CTPI. Faremos a relação entre projeto de vida e busca interior por meio das ideias de Dias (1987; 1994), que trata do conceito de saúde e doença, de defesa intrapsíquica e de vínculo compensatório.

Sustenta-se a ideia de que a incidência das cenas temidas é maior quando os núcleos neuróticos latentes – nos quais estão envolvidas as questões das identificações, das percepções dos alunos e da postergação da psicoterapia – se manifestam. Para tanto, é preciso considerar o esquema de desenvolvimento da matriz de identidade na leitura de Fonseca Filho (1980), os conceitos de tele e de transferência, além dos conceitos de espontaneidade-criatividade de Moreno (1975), nos quais identificamos a presença desses núcleos neuróticos que potencializam a incidência das cenas temidas.

Tais conceitos serão complementados por outros, como os que compõem a teoria de papéis de Moreno (1975) e a discussão sobre ela realizada por Naffah Neto (1979) e Mezher (1980), o conceito de titubeio e de campo tenso de Bally (1964), além da noção de cena proposta por Massaro (1996). As ideias e conceitos referentes ao psicodrama estão perfilados no capítulo que antecede a discussão dos fatores predisponentes e externos; o objetivo é preparar o leitor para os capítulos subsequentes.

Em seguida, prosseguimos em nossas reflexões, passando a discutir os fatores externos que pertencem à idiossincrasia do curso de psicologia e sua estrutura. Nesse sentido, nosso objetivo é identificar aspectos desse curso que podem ter efeito ansiógeno sobre os alunos. Serão abordadas, também, as questões sobre a profundidade do curso, a desvinculação entre teoria e prática, e a ausência de um saber crítico por parte dos alunos.

Mais adiante, passamos aos aspectos históricos do curso de psicologia, analisando a questão curricular. Discutiremos, ainda, a postura do professor diante do ensino e da aprendizagem por meio dos estudos de Baptista (1997), de Figueiredo (1996), que enfoca a questão da subjetivação, do texto do Conselho Federal de Psicologia (1994) sobre a identidade do psicólogo brasileiro e algumas ideias de Gaiarsa (2009) sobre a formação do psicólogo.

Articularemos a ideia de que, nos cursos de psicologia no Brasil, o ensino pode estar sendo realizado sem um saber crítico, o que daria ênfase à repetição técnica, e, em seguida, apontaremos as questões posturais que se exige do psicólogo e as dificuldades emocionais do "ser psicoterapeuta", fazendo algumas correlações com as ideias do psicodrama por meio dos conceitos de tele e transferência.

Defendemos que as exigências posturais tornam ainda mais ansiógeno o momento dos primeiros atendimentos, o que, além de facilitar a emergência das cenas temidas, dificulta o estabelecimento do clima psicoterapêutico na relação psicoterapeuta-paciente. Finalmente, abordaremos as dificuldades do desenvolvimento do papel profissional por meio dos entraves na internalização do modelo relacional.

Para ilustrar nossa análise, realizamos um estudo de caso com um grupo de alunos do quinto ano de uma universidade do estado de São Paulo. Nesse exemplo prático, a intenção era demonstrar que, além da falta de experiência do aluno nesse novo papel, existem outras questões envolvidas que podem servir de obstáculo em seu desenvolvimento profissional e que, geralmente, não são levadas em conta pela universidade ao habilitar seus futuros profissionais. Ao grupo dos escolhidos foi informado o objetivo da atividade, sem, porém, divulgar detalhadamente seus aspectos, para que não houvesse tendenciosidades nos resultados. Além disso, eles deveriam estar em processo psicoterápico, como suporte ou prevenção caso ocorressem possíveis desestabilizações psicológicas causadas pela pesquisa. Mais informações sobre o processo de estudo de caso são apresentadas a seguir.

O ESTUDO DE CASO

A informação divulgada foi a de que o trabalho pretendia estudar as dificuldades que os futuros estagiários sentem nessa fase do curso, por intermédio de uma vivência e posterior discussão grupal. Foi assegurado aos participantes o sigilo de suas identidades, bem como dos aspectos pessoais que porventura pudessem identificá-los. Foi solicitada permissão aos integrantes do grupo para que o trabalho fosse gravado, a fim de que pudesse ser posteriormente transcrito e analisado.

A atividade proposta ocorreu nas dependências da clínica-escola da universidade à qual os estudantes pertenciam, e a duração máxima prevista era de três horas, com agendamento prévio de acordo com a disponibilidade do grupo. Uma reunião grupal parecia-nos suficiente para alcançarmos nossa proposta de diagnóstico e, indiretamente, de tratamento das cenas temidas. O objetivo final desse modelo de estudo de caso é a observação, a vivência e a análise da emergência das CTPI a partir do material evocado por intermédio do método de *role-playing* (interpretação de papéis). Esse método psicodramático, utilizado na sociodinâmica moreniana, estuda a dinâmica das relações que permite ao sujeito atuar dramaticamente em diversos papéis. As aplicações das representações desses papéis vão desde a investigação dos vínculos, passando pela aquisição de novos papéis, até o desempenho de um novo papel e seu desenvolvimento qualitativo no sentido de ser mais espontâneo, criativo, e sem medos e ansiedades.

Dessa maneira, pudemos analisar as relações das CTPI com os fatores predisponentes e verificar se elas estão vinculadas aos processos da história de vida do estudante por intermédio de figuras de mundo interno que podem evocá-las. Essas relações evidenciaram-se pelo relato dos sujeitos e da verificação de suas emoções durante o desenrolar dos jogos de papéis.

Com relação aos fatores externos, procuramos confrontar os depoimentos e as impressões dos alunos sobre o curso de maneira geral, relacionando-os com autores que analisam a estrutura do curso de psicologia e suas características. Assim, pôde ser feito um cruzamento de informações entre esses dois pontos de vista, constituindo, assim, um paradigma entre nossas ideias e a realidade dos sujeitos pesquisados. Passemos agora à descrição pormenorizada da ação proposta para coleta de dados.

OS COMPONENTES

O grupo foi formado por cinco estudantes do nono semestre letivo do período noturno, com idade entre 21 e 40 anos, e que já estavam estagiando clinicamente (Murilo, Mara, Meire, Mila e Mona)[1]. Apenas um deles (Murilo) era do sexo masculino. A reunião teve início com a autoapresentação de todos os componentes do grupo, da assistente de pesquisa, que seria a responsável pela gravação da reunião em áudio, e do pesquisador. Vale ressaltar que somente Mara e Murilo haviam feito psicoterapia anteriormente, sendo que Mara realizou o tratamento ao longo da graduação. Os demais iniciaram seus respectivos processos psicoterápicos ao iniciar a etapa de estágios clínicos supervisionados.

Questionados sobre o motivo pelo qual aceitaram o convite para colaborar com a pesquisa, todos relataram seu interesse pelo tema e mencionaram a dificuldade de atender determinados pacientes. Com exceção de Murilo, todos pareciam mobilizados pela questão das CTPI. Murilo referiu-se à sua dificuldade de se expor aos colegas por ocasião de um atendimento realizado na sala de visão unilateral, no qual ele era um dos terapeutas.

Após a autoapresentação, foi solicitado a eles que tecessem considerações sobre sua formação acadêmica, expectativas e dificuldades com relação aos estágios clínicos em andamento. Essa fase inicial da reunião serviu de preparação (aquecimento específico) para o trabalho dramático. Além disso, os depoimentos dos sujeitos se tornaram material de análise, pois forneceram alguns dados sobre os fatores externos e predisponentes presentes em cada um dos membros. Em seguida, foi proposta aos participantes uma simulação de atendimento clínico com pacientes fictícios cujo perfil considerasse de difícil atendimento.

Os elementos do grupo criaram o perfil do primeiro paciente a ser atendido por eles, que foi composto pelas seguintes características: nome, idade, estado civil, classe social, número de filhos

---

[1] Os nomes são fictícios e foram usados para preservar a identidade dos participantes.

(se os tivesse), pessoas com quem convive e queixa inicial. Em seguida, o grupo escolheu os elementos que funcionaram tanto como psicoterapeuta (T) como paciente (C).

Neste *role-playing*, a intenção era que todos os elementos do grupo atendessem a pelo menos um paciente e, para que isso ocorresse, foram criados vários pacientes imaginários. A partir do momento em que o envolvimento emocional do grupo com o paciente criado se esgotasse, um novo paciente era criado. O objetivo dessa simulação era detectar as CTPI por meio da emergência de um impasse no psicoterapeuta que impedisse que o atendimento prosseguisse.

Esse impasse podia ser configurado com a paralisia do atendente diante do paciente, sua visível hesitação durante o atendimento, a desistência do atendimento por parte do psicoterapeuta, seu descontrole emocional ou qualquer outro indicador que se apresentasse carregado de emoção. Para atingir esse impasse, utilizamos as seguintes técnicas psicodramáticas com base em Menegazzo, Tomasini e Zuretti (1995): duplo, solilóquio, tomada de papéis, inversão de papéis, concretização dramática, congelamento de cena, maximização, tática psicodramática, além da interpolação de resistência.

Ao alcançar tal impasse, o diretor do *role-playing* deixava evidente para aluno no papel de psicoterapeuta, bem como para o grupo, a emoção presente nesse aluno (concretização dramática e maximização). Em algumas oportunidades, com o objetivo de não expor os conflitos pessoais do aluno que desempenhava o papel de psicoterapeuta, o diretor utilizou a técnica do psicodrama interno, na qual a ação dramática acontece no imaginário do indivíduo, obedecendo às mesmas características da ação ocorrida em um palco. Para isso, o diretor perguntou em algumas oportunidades se o aluno-psicoterapeuta se recordava de, em algum momento de sua história de vida, ter sentido a mesma coisa e com a mesma intensidade – *insight* dramático e metabolismo de significados (Menegazzo, Tomasini e Zuretti, 1995).

A emergência da recordação completa daquele componente do grupo evidenciava a cena temida, sua ligação com a história de vida do indivíduo e os entraves de seu desenvolvimento psicológico, delineando, assim, os fatores predisponentes.

A cena da história de vida surgida com as recordações do aluno-psicoterapeuta não foi investigada em detalhe, como também não foram explorados as minúcias de seu enredo, evitando-se, dessa maneira, a invasão dos limites pessoais do sujeito. Em alguns casos, quando não se alcançou a ligação da cena temida com a cena da história de vida do sujeito, o diretor fez algumas perguntas ao aluno para que este atingisse a cena de história de vida, possibilitando, com isso, o *insight* dramático. A dramatização como instrumento de pesquisa intrapsíquica nos proporcionou dados que extrapolam a comunicação verbal, como os obtidos por intermédio da expressão corporal e afetiva.

Ao final da reunião, foi proposta uma discussão entre os componentes do grupo para que estes comentassem suas experiências como modo de encerramento. Nessa etapa, coordenei a discussão, finalizando-a com o esgotamento desta. Por outro lado, a fase de discussão funcionou como um momento de compartilhamento entre os componentes do grupo, tendo também a função de propiciar a elaboração da experiência vivida por eles e servindo também como referência de tema a ser trabalhado em suas psicoterapias pessoais, como autoconhecimento e como formação da identidade profissional.

Com a discussão da aplicação das técnicas psicodramáticas utilizadas em nosso estudo de caso, visamos a demonstrar como se desenrola a ação dramática e observar o manejo das técnicas utilizadas em cada etapa da metodologia proposta.

Partimos do pressuposto de que, pelo jogo de papéis, reais ou imaginários, o indivíduo recupera sua capacidade de transformação, ou seja, a espontaneidade (fator E). A ação espontânea equivale à criação e ao desempenho de papéis cujos modelos fazem parte da existência do indivíduo e exigem o uso da espontaneidade.

Em qualquer ação dramática são utilizados cinco instrumentos: cenário, protagonista, público, diretor e ego-auxiliar. O cenário, área do "como se", é o lugar onde a ação se desenvolve, é o espaço real e virtual onde se compõem e são vividos o drama e a cena presentes no íntimo do protagonista. O protagonista é o ator central da dramatização, que oferece seu próprio drama íntimo em prol da investigação grupal. O público é a caixa de ressonância de pensamentos, percepções e afetos que permeiam a ação dramática por meio do drama do protagonista, seu representante. O diretor é o coordenador das cenas apresentadas pelo protagonista. Ele funciona como agente terapêutico por intermédio da aplicação das técnicas psicodramáticas e deverá ter estreito vínculo com o protagonista. O ego--auxiliar tem como função principal cooperar com o protagonista por meio das técnicas psicodramáticas, além de ser um instrumento do diretor. O trabalho psicodramático obedece a três etapas:

1. Aquecimento inespecífico e aquecimento específico – o aquecimento inespecífico é a preparação, a base de qualquer dramatização, e inclui o favorecimento do clima afetivo adequado para que a ação ou o drama se desenvolva; esse aquecimento ocorre no momento reservado para a eleição do protagonista da dramatização. Já o aquecimento específico corresponde à preparação do protagonista para a dramatização e à manutenção do clima afetivo adequado.
2. Desenrolar do drama ou a ação do protagonista – o conflito dramático é o ponto de partida para qualquer dramatização. Por meio da emoção contida no conflito a ser trabalhado dramaticamente, o jogo de papéis ganha força e sentido, e a intensidade da emoção é mantida, garantindo o êxito da dramatização. Dizem os psicodramatistas que, "sem emoção, nada é feito em psicodrama". O arranque para a dramatização, a passagem ao ato, é denominada *acting-out*.
3. Comentários e/ou compartilhamento – nesta fase, utilizamos comentários, isto é, considerações tecidas pelos componentes

do grupo a respeito das ações ocorridas na dramatização. O compartilhamento tem o sentido de troca de emoções, confraternização, solidarização e compadecimento dos componentes do grupo com o protagonista e entre si. Isso é mais utilizado em psicoterapia de grupo, na qual os conflitos não são apenas investigados, mas trabalhados na dramatização; porém, podem ocorrer em outros tipos de grupo, quando seus elementos possuem suporte afetivo para expressar suas experiências.

O processo de dramatização, cujo conteúdo foi apresentado pelo protagonista, foi conduzido até que emergisse uma cena em que ficou caracterizado o impasse no atendimento. O indicador desse impasse foi a intensificação das emoções do protagonista simultaneamente à paralisação deste diante do paciente. Aos primeiros indícios da paralisação, procuramos, por meio de um solilóquio, fazer que o aluno, no papel de psicoterapeuta, pudesse reconhecer em si tais emoções.

Ao reconhecê-las, utilizamos a concretização dramática, técnica que permite a corporificação e a espacialização no cenário dramático daquilo que está no imaginário do protagonista: um sintoma, um pensamento, um sentimento e outras expressões tomam forma concreta, orientando a busca de um conflito.

Por meio da técnica de maximização, elevamos ao grau máximo a expressão, que pode ser corporal ou verbal, para intensificar as emoções existentes naquele momento, dando manutenção ao aquecimento. Maximizada a emoção, passamos para o psicodrama interno. Trata-se de uma técnica criada pelo psicodramatista Fonseca Filho que consiste em dramatizações feitas na imaginação do protagonista ao invés de ocorrer em um palco real. Nesse contexto dramático, os personagens do drama e a ação são pensados, visualizados e vividos pelo protagonista internamente, mas não são executados no mundo externo, apenas no seu imaginário.

Para a realização do psicodrama interno com o sujeito que desempenhou o papel de psicoterapeuta, foi preciso que ele manifestasse um *insight* dramático (Naffah Neto, 1980) provocado pela ação, por meio de questionamentos ou jogo de papéis. Isso permitiu que o protagonista tomasse consciência do conteúdo latente, tornando-o manifesto; essa revelação evocou lembranças carregadas de afeto.

Quando a emoção do protagonista foi maximizada e questionamos as lembranças de sua história que essa emoção evocava, estávamos propiciando o *insight* dramático, que se deu por intermédio do metabolismo de significado, que é o processo de transformação dos significados por meio da ação dramática (Menegazzo, Tomasini e Zuretti, 1995). No metabolismo de significados estão em movimento as dimensões biológica, histórica e psicológica do indivíduo. Sua importância consiste no caminho que ele percorre através de suas lembranças, do conteúdo dramático manifesto para o conteúdo dramático latente, do mais superficial para o mais profundo, do discursivo para as figuras de mundo interno.

Em alguns momentos não foi possível estabelecer o psicodrama interno devido à impossibilidade de o protagonista encontrar imagens referentes a fatos passados de sua vida. Apesar de a emoção estar presente, ele não conseguiu estabelecer a ligação entre a CTPI vivida naquele momento com alguma cena vivida em seu passado remoto.

Diante desse impasse, utilizamos a estratégia da interpolação de resistência. Embora muitos psicodramatistas utilizem-na como técnica, ela, na verdade, constitui uma tática psicodramática. O que diferencia a técnica da tática psicodramática é que a primeira é uma ferramenta, e a segunda refere-se ao momento em que a técnica deve ser aplicada. Essa cabe ao psicoterapeuta de acordo com sua tele durante a cena.

A tática constitui um estratagema proposto pelo diretor para desestruturar uma postura de vinculação rígida do protagonista. Portanto, para a aplicação de uma tática psicodramática, é necessário que tanto o diretor quanto o protagonista possuam experiência e preservem o fator tele.

Voltando à interpolação de resistência, trata-se da introdução, durante o desenvolvimento da ação dramática, de consignas ou orientações ao ego-auxiliar. Elas visam à mudança de rumo da ação por meio de instruções com o intuito de surpreender o protagonista, de modo que ele não as conheça e não as perceba. É, portanto, a introdução de um estímulo cuja base é uma hipótese diagnóstica do psicoterapeuta.

Abordamos até aqui a metodologia do estudo de caso, nossos objetivos e os resultados pretendidos. No capítulo seguinte, falaremos de aspectos importantes da teoria psicodramática que fundamentam este trabalho.

1
A teoria

Ao voltarmos nosso olhar sobre a teoria psicodramática, temos como objetivo apresentar seus principais conceitos para ajudar o leitor a compreender este trabalho. Privilegiamos os conceitos de espontaneidade-criatividade, tele e transferência, os quais utilizaremos para a discussão sobre neurose e cenas temidas; a teoria de desenvolvimento contida na matriz de identidade, que propiciará a discussão sobre os entraves no desenvolvimento do indivíduo e ensejará a apresentação da teoria de papéis que nos oferece a ideia de como essa teoria pode funcionar para atingirmos as CTPI.

Não é nossa intenção aprofundar a discussão de todos os conceitos psicodramáticos, o que modificaria o enfoque de nossa reflexão. Contudo, apresentaremos não somente uma síntese dos principais conceitos da teoria de Jacob Levy Moreno, mas também conceituações de alguns de seus seguidores, que acrescentaram importância e significado à sua obra. Conhecido como o pai do psicodrama, Moreno sempre definiu sua obra como ponto de partida para novas criações, dando maior ênfase à criação que à criatura, como veremos adiante.

A obra de Moreno possui um sentido circular, isto é, não importa de qual conceito partimos, percorremos todos os outros. Eles são todos interligados, porém sem estruturação rígida, o que, por um lado, permite aos seus interlocutores o questionamento e a criação de novos conceitos e, por outro, certo prejuízo didático em sua apresentação. A partir disso, adotaremos o modo de apresentação de Gonçalves, Wolff e Almeida (1988), por esta ser uma síntese de fácil compreensão da teoria psicodramática, oferecida em uma sequência didaticamente privilegiada.

O HOMEM NA VISÃO MORENIANA

Segundo Moreno (1975), o homem possui recursos inatos, como a espontaneidade, a criatividade e a sensibilidade. Tais recursos podem ser alterados ou prejudicados pela ação do ambiente e dos sistemas e regras sociais. Para ele, suas ideias proporcionariam uma revolução criadora por meio da recuperação da espontaneidade e da criatividade.

Moreno descreve a espontaneidade como um fator presente no ser humano, ou seja, o fator E, que está ligado à capacidade de responder adequadamente a uma nova situação ou de responder de maneira inédita, renovadora ou transformadora a uma situação preestabelecida. Ele conceitua a adequação como adaptação e marca pessoal, o que implica o ajustamento do homem a si mesmo. Parece-nos que a paralisia psicológica do psicoterapeuta iniciante diante de seus primeiros atendimentos pode apontar para a ação das regras sociais e dos modelos relacionais que o estudante teve como prejuízo de sua espontaneidade.

Ser espontâneo é estar presente nas situações, procurando transformar seus aspectos insatisfatórios, o que parece não ocorrer por parte do estagiário no caso das CTPI. Quando se pretende realizar mudanças no ambiente, isso implica mudar as relações com esse meio, o que, por sua vez, demanda agir em função da representação de si, dos outros e das relações entre ambos. Em outras palavras, estabelecer uma nova situação significa criar algo a partir do que já é dado, o que nos remete ao conceito de criatividade.

A criatividade é indissociável da espontaneidade. O fator E permite a manifestação da criatividade, isto é, a disponibilidade do ser humano para o ato criador. Criar significa aplicar o potencial humano em uma ação transformadora, integradora, que proporciona crescimento e maturação ao indivíduo que cria.

Moreno privilegia, além da ação, a visão do homem em relação a si mesmo, ao outro e ao mundo. De acordo com essa visão, introduz os conceitos de fator tele, tomando como referencial a empatia e o seu conceito de transferência. Tele, ou percepção à distância, é a capacidade de perceber o que ocorre nas situações e nas relações, ou seja, é percepção mútua de dois indivíduos. Empatia, por sua vez, é a captação, por intermédio da sensibilidade, dos sentimentos e emoções de alguém. Moreno conceitua a tele como a empatia ocorrendo em duas direções, indicando reciprocidade; já transferência, na visão moreniana, é a ausência do fator tele. Sendo assim, podemos considerar a transferência como a patologia do fator tele.

As CTPI se tornam indício da transferência que ocorre no estagiário, que não consegue perceber o outro como realmente é, não consegue ajustar-se a si mesmo, o que leva à falta de percepção tanto de si quanto do outro, isto é, parece estar sob a influência da patologia da tele.

Levando em conta esses conceitos, Moreno (1975) considera que a espontaneidade e o fator tele, quando presentes no indivíduo, são indicadores de saúde mental. Quando preservada, a saúde mental do indivíduo possibilita o encontro. Para ilustrar esse conceito, sugerimos a leitura deste poema do referido autor:

Divisa

Mais importante do que a ciência é o seu resultado,
Uma resposta provoca uma centena de perguntas.
Mais importante do que a poesia é o seu resultado,
Um poema invoca uma centena de atos heroicos.
Mais importante do que o reconhecimento é o seu resultado,
O resultado é dor e culpa.
Mais importante do que a procriação é a criança.

> *Mais importante do que a evolução da criação é a
> evolução do criador.*
> *Em lugar de passos imperativos, o imperador.*
> *Em lugar de passos criativos, o criador.*
> *Um encontro de dois: olho a olho, cara a cara.*
> *E, quando estiveres perto, arrancarei teus olhos,*
> *e os colocarei no lugar dos meus,*
> *e tu arrancarás meus olhos*
> *e os colocará no lugar dos teus,*
> *então te olharei com teus olhos*
> *e tu me olharás com os meus.*
> *Assim, até a coisa comum serve ao silêncio e*
> *nosso encontro é a meta sem cadeias:*
> *o lugar indeterminado, em um momento indeterminado,*
> *a palavra indeterminada ao homem indeterminado.*
> (Moreno, 1975, p. 9)

A presença das CTPI pode colocar o psicoterapeuta iniciante em um estado patológico que o impossibilita a vivência do encontro, e, para Moreno, o tempo vivido é de fundamental importância. Ele toma o conceito bergsoniano de duração, distinção entre o tempo convencional e as concepções espacializadas *versus* a verdadeira experiência anímica do fluxo temporal, e acrescenta a categoria de momento, espécie de "curto-circuito" em que a experiência é vivida como se a duração fosse alterada subitamente, permitindo o destaque de um instante, o momento do encontro ou da criação. Privilegia-se, portanto, o "aqui e agora" *(hic et nunc)* para a investigação das relações, os sentimentos, as ações e as emoções.

O conceito de inconsciente é abordado por Moreno como um atributo inerente a todos os fatos psicológicos e também a todos os fatos sociais pertencentes à idiossincrasia do indivíduo. Ele refuta a ideia de inconsciente no sentido típico, não considera postulados econômicos ou dinâmicos da energia psíquica como aqueles concebidos por Freud a partir da termodinâmica, e lhe negava a categoria de espaço continente ou aparato psíquico, ou ainda, de ente.

Segundo Moreno (1975), a distinção entre consciente e inconsciente não encontra lugar em uma psicologia do ato criativo, que é utilizada como uma ficção popular, apenas para o mapeamento de uma ciência dos caracteres dos atos de improviso. O inconsciente é um reservatório continuamente preenchido e esvaziado pelos "indivíduos criadores", foi criado por estes e pode, portanto, ser desfeito e substituído.

Podemos considerar que, para a emergência das CTPI, além dos fatores externos, existem, dentro dos fatores predisponentes, aspectos inconscientes atuantes no indivíduo que o levam a vivenciá-las.

Moreno constatou que a atividade dramática desencadeia, para aqueles que a executam e para aqueles que a assistem comprometidamente, movimentos interpsíquicos e intrapsíquicos complexos e profundos; assim, lançou os conceitos de coconsciente e coinconsciente, que são estados nos quais os participantes experimentam e produzem em conjunto, e somente em conjunto, vivências, sentimentos, desejos e fantasias comuns a duas ou mais pessoas, e que ocorrem em estado consciente ou inconsciente. Desse modo, as interações sociais dentro do grupo podem ser investigadas por meio de um protagonista, pois seus sentimentos, conflitos e emoções serão amplificados pelo grupo como se este fosse uma caixa de ressonância. Essas ideias podem ter aplicação terapêutica ou somente no campo das pesquisas.

O DESENVOLVIMENTO HUMANO

Na visão moreniana, o nascimento da criança não se constitui de maneira traumática, pois é, na realidade, seu primeiro ato espontâneo. É transposto um limiar, passando da matriz materna ou do lugar geracional para um novo universo denominado matriz de identidade. A criança passa da placenta materna para uma nova, a placenta social (Gonçalves, Almeida e Wolf, 1988). Essa placenta é constituída de todos os vínculos relacionais propiciados pelo ambiente. Seus interlocutores se tornarão seus egos-auxiliares naturais, fazendo que a coexistência e a coexperiência se tornem características deste novo universo.

As condições oferecidas pelo ambiente em interação com a criança possibilitarão seu desenvolvimento, o que implica inicialmente que ela se reconheça, reconheça os outros e se perceba como ser único, idêntico a si mesmo. Assim, será iniciada a formação de sua identidade, e o lugar onde esse processo se desenvolve é a matriz de identidade. Da mesma maneira que a criança se desenvolve na matriz de identidade, o aluno desenvolverá sua identidade profissional na matriz acadêmica, onde seus professores e supervisores têm a função de possibilitar que ele se reconheça como profissional, reconheça os outros e se perceba como um profissional com identidade própria. Sendo assim, podemos concluir, então, que a presença das CTPI indicaria, portanto, uma fragilidade da identidade profissional.

A releitura da matriz de identidade de Moreno realizada por José Fonseca Filho (1980) descreve passo a passo o desenvolvimento humano e elabora um paradigma entre tais etapas e as técnicas clássicas do psicodrama. Assim, além de relacionarmos os possíveis entraves do desenvolvimento com a ocorrência das CTPI, podemos observar as origens de cada uma das técnicas. Passemos, então, às fases da matriz de identidade na leitura de Fonseca Filho.

INDIFERENCIAÇÃO

Na fase da indiferenciação, a criança é regida pelos mecanismos interoceptivos, ou seja, chora quando sente frio, fome ou dor. Ela necessita de um ego-auxiliar que cuide dela, isto é, alguém que faça por ela o que ela não pode fazer, ou seja, sua mãe. A criança, nessa fase, mistura-se e mistura suas "coisas" com o mundo. Nas palavras de Fonseca Filho (1980, p. 84), "[...] está misturada com o 'mundo', sossega em seu berço cósmico. Não distingue o Eu do Tu (tu-pessoa ou tu-objeto)".

Essa fase de identidade cósmica possibilita o fundamento teórico para a técnica psicodramática do duplo, a qual visa expressar os pensamentos ou sentimentos que o protagonista (paciente) não percebe ou não consegue expressar, como comenta esse mesmo autor (*ibidem*, p. 85):

> De maneira mais ampla, o "princípio do duplo" rege todo trabalho psicodramático, na medida em que o psicodramatista (diretor ou ego-auxiliar) funciona sempre como um ego-auxiliar *lato-sensu*, como um duplo [...] o psicodramatista não deve dar o que acha que o protagonista precisa (contratransferência), mas pode propiciar, com sua técnica e sensibilidade, que o protagonista encontre por si só o que buscava.

SIMBIOSE

Com o desenvolvimento infantil, a identidade cósmica vai se diluindo, o processo de identidade começa a se estabelecer e a criança começa a se diferenciar do outro, mas ainda não o consegue totalmente. Ela ainda tem uma forte ligação com a mãe, uma vez que esta é uma extensão daquela. Seria como a persistência de um cordão umbilical psicológico. Esta fase ainda é regida pelo princípio do duplo, e nela há uma forte interdependência de ambas. Ao regredir a essa fase da matriz de identidade, quando da emergência dos sentimentos de insegurança e medo da cena temida, o aluno pode se mostrar misturado com o seu paciente, não conseguindo estabelecer adequadamente a relação psicoterapeuta-paciente.

Quando o aluno está sob a influência do medo que paralisa das CTPI, ele pode retornar a essa fase da matriz de identidade e, em algumas ocasiões no grupo estudado, utilizamos a técnica do duplo para colaborar com o ego-auxiliar no desempenho de seu papel nos momentos em que o sujeito não conseguiu expressar a emoção por intermédio da verbalização adequada. Assim, o diretor "emprestou sua voz" para o ego-auxiliar para que a cena dramática tivesse a intensidade necessária.

Quando falamos do medo que paralisa, vamos ao encontro das ideias de Bally (1964) sobre campo tenso, campo relaxado e titubeio. Em sua visão, o ser vivo não atua, mas "é atuado" por um poder que não está nem dentro nem fora dele, mas que ocorre por intermédio dele e o relaciona com seu meio ambiente, formando, assim, uma unidade dinâmica entre ambos. O estado de ânimo do indivíduo determina o campo e o tipo de percepção. Por exemplo, quando um ser humano percorre uma rodovia que conhece, seu estado de ânimo é diferente de quando precisa percorrer uma estrada desconhecida; sua percepção também se diferencia nas duas situações, pois, na primeira, os perigos já são "conhecidos", isto é, ele já sabe de antemão quais trechos podem lhe trazer perigo, ao passo que, na segunda situação, sua percepção deve estar mais aguçada para detectar e agir diante dos possíveis imprevistos. Assim, concluímos que o campo é determinado qualitativamente pelo estado de ânimo.

Por outro lado, o campo pode apresentar uma intensidade variável, ou seja, pode apresentar graus de "tensão" quando está sob ameaça e, na ausência desta ou com relativa satisfação, apresentar um estado mais relaxado. A conduta do campo está sempre direcionada para uma meta e pode ser variável de acordo com a influência dos fatos durante esse percurso, podendo ocorrer mudanças em sua estrutura. No campo tenso, existem restrições ao caminho mais curto para a meta desejada, ou seja, quanto mais tenso o campo, maiores são as restrições. No campo relaxado há uma ampliação nas percepções, e as relações com as coisas e com o outro independe da satisfação das necessidades instintivas, do tempo e do espaço relativos à meta.

Quando o campo está mais relaxado, há um enriquecimento deste, mas, quando o campo está mais tenso, ocorre o oposto. O enriquecimento ou o empobrecimento estendem-se não somente para o nível de conduta dos indivíduos, mas dizem respeito também às relações estabelecidas por ele com o outro.

Sintetizando, a disposição anímica determina a estrutura do campo, assim como os acontecimentos específicos do ambiente produzem comportamentos específicos, visto que os fatos do ambiente e as condições do indivíduo são realidades objetivas e produzirão interações específicas. Sendo assim, entendemos que as tensões, os conflitos e as atrações ou repulsas serão determinadas pela relação de reciprocidade entre as necessidades do indivíduo e os conteúdos do ambiente.

O "titubeio" é uma forma peculiar de restrição dentro do campo. Ele é resultado de dois esforços opostos entre si, a necessidade da meta, de um lado, e a oposição do ambiente a essa meta, de outro. Esse antagonismo conduz, em sentido motor, à detenção do movimento, mas sem a perda de energia correspondente. O titubeio significa, psicologicamente, uma posição alterada no campo, um distanciamento repentino da meta com a qual o indivíduo já formava, no movimento empreendido, uma unidade dinâmica. É, portanto, uma alarmante reação ao novo, ao desconhecido.

O aluno que está realizando seus primeiros atendimentos (campo tenso) e entra em contato com uma cena temida (fato do ambiente) que tem ligação com entraves em seu desenvolvimento pode ficar sob a influência do medo que paralisa (titubeio).

RECONHECIMENTO DO EU
Retomando a matriz de identidade, após a simbiose temos o reconhecimento do eu. Nessa fase, a criança inicia o estágio do reconhecimento de si própria, de descoberta de sua identidade. Segundo Fonseca Filho (1980, p. 87), "trata-se de um movimento centrípeto sobre si mesmo. Em nível somático, seria o período em que começa a tomar consciência de seu corpo no mundo. Percebe que seu corpo (ela mesma) está separado da mãe, das pessoas, dos objetos".

Essa fase serve de embasamento para a técnica psicodramática do espelho, pois possibilita ao protagonista ver-se no desempenho de seu papel por meio do ego-auxiliar. Serve também de base para a técnica do solilóquio, que é a conversa consigo mesmo. O sujeito pode ver-se em uma relação, ter a possibilidade de tomar distância mesmo que a esteja vivenciando; ou seja, essa fase permite que o protagonista reflita sobre sua maneira de se relacionar, sobre a maneira de o outro se relacionar e sobre a interação que ocorre nessas relações. Trata-se de um "pensar em voz alta" sobre o que está acontecendo.

Em vários momentos durante a dramatização, observamos o diretor da cena pedir ao aluno no papel de psicoterapeuta que "pensasse alto". Esse procedimento é justificado pelo próprio sentido da técnica, possibilitando ao aluno reconhecer a si próprio, discriminando-se de seu paciente e possibilitando que ele reconhecesse seus sentimentos e o lugar que ocupava na relação.

RECONHECIMENTO DO TU

Fonseca Filho (1980) separa a fase de reconhecimento do eu e a fase do reconhecimento do tu apenas por razões didáticas. Na realidade, elas ocorrem simultaneamente e fazem parte de um mesmo processo. Nesta fase, a criança começa a descobrir o outro corporalmente, como ele sente e reage diante das situações. Ela é movida pela curiosidade sobre o "outro", pessoa ou objeto. Os alunos que manifestam as CTPI podem ainda estar presos a essa fase da matriz de identidade. A emergência da cena temida, além de ser um indicador da cristalização da espontaneidade--criatividade por meio do medo que paralisa, pode ser um indicador de que o aluno não consegue discriminar-se totalmente do outro. Podemos supor que ele esteja confundindo alguns de seus conteúdos com os conteúdos de seu paciente, e isso pode ser uma evidência de registros negativos que impediram uma resolução adequada para a fase do reconhecimento do eu e do tu, emergindo agora na idade adulta como uma indiscriminação parcial.

A confirmação da existência ou não de entraves nessa fase de desenvolvimento pode ser obtida por meio da análise qualitativa das relações que esse indivíduo estabelece. Se suas relações forem estabelecidas estereotipadamente com características simbióticas, podemos inferir na não resolução adequada da fase do reconhecimento do "eu" e do "tu".

RELAÇÕES EM CORREDOR

Neste estágio, após o reconhecimento do "eu" e do "tu", ocorre a "brecha entre a fantasia e a realidade" (Moreno, 1975, p. 89), que corresponde à capacidade discriminatória entre o mundo da fantasia e o mundo real, entre o que sou "eu" e o que é o "resto do mundo". O "tu" para a criança, neste momento, não significa só a mãe. Existem agora vários "tus", porém, ela se relaciona com um "tu" de cada vez, isto é, a criança tem um sentimento de posse e exclusividade em suas relações. Discrimina o outro e identifica-se como pessoa, porém sente que o "tu" existe só para si. Sente-se única e central. Nesse sentido, o aluno no papel de psicoterapeuta que tem em si evocada a cena temida pode estar percebendo o paciente ou sua dinâmica psicológica como intensamente ameaçadora.

Supondo que essa fase de desenvolvimento não esteja bem resolvida para ele, o paciente assume um significado especial que pode ser positivo ou negativo. Em ambos os casos, poderemos inferir uma situação de atendimento com conotações contratransferenciais. No caso de o paciente assumir um significado negativo para o aluno, podemos supor a ocorrência do medo que paralisa evocado pela emergência da cena temida.

PRÉ-INVERSÃO DE PAPÉIS

Nesta fase, a criança consegue tomar ou "jogar o papel" do outro. Brinca de "faz de conta", desempenhando de forma lúdica o papel de outras pessoas, de animais ou até mesmo de objetos. Ela brinca de ser o outro. Por exemplo, quando a menina brinca de casinha, finge que a boneca é ela, e que ela é a mãe. A criança consegue assumir o papel do outro, mas, apesar do treinamento pela via lúdica, não consegue inverter papel com o outro integralmente; ou seja, não existe ainda reciprocidade em uma possível inversão de papéis.

A técnica fundamentada por esta fase é a tomada de papel, que consiste em jogar ou desempenhar papéis conhecidos ou imaginados. O término dessa fase significará que o indivíduo estará no ápice de seu desenvolvimento télico, isto é, de apreensão da realidade do outro. Tomando como referência essa fase da matriz de identidade, podemos pensar que quanto maior a facilidade de o indivíduo jogar papéis, tanto maior será sua saúde mental e, consequentemente, menos regredido estará em seu desenvolvimento psicológico. No estudante que tem dificuldades em jogar papéis, isso pode significar que ele está vivendo em seu desenvolvimento psicológico uma fase anterior a essa ou que a CTPI inibe parcialmente o seu funcionamento segundo os atributos dessa fase.

TRIANGULAÇÃO

Inicia-se, neste estágio, a entrada da terceira pessoa nas relações da criança que, até então, eram em corredor (um "tu" de cada vez). Ela passa a permitir a presença do "ele" na relação, além do "tu", um "ele" que se relaciona com o "tu" fazendo que as relações bipessoais se tornem triádicas. É uma fase de crise, porque a relação do "tu" e do "ele" faz que a criança se sinta roubada e desamparada, e a resolução dessa fase dependerá da qualidade da comunicação entre os três. O ideal, no entanto, seria que a criança pudesse compreender e aceitar que os outros podem se relacionar independentemente dela.

CIRCULARIZAÇÃO

Esta fase corresponde à socialização da criança, que passa a ter a dimensão do "eles" e do "nós", sentindo-se parte de um conjunto, de um grupo. A circularização representa a entrada do ser humano na vivência sociométrica dos grupos, isto é, passa a sentir os efeitos das interações sociais do grupo em que vive.

No grupo estudado, chamou-nos a atenção que seus elementos apresentassem tanto o sentido de triangulação como o de circularização; no entanto, isso não inibiu a presença das CTPI na maioria deles. O que podemos considerar a esse respeito é que, apesar de os indivíduos terem problemas nas primeiras fases de seu desenvolvimento psicológico, esse processo tem continuidade. Quando núcleos temáticos relativos às fases não resolvidas adequadamente aparecem em sua vida adulta, parece existir ansiedade, regressão à fase que apresenta dificuldades e a manifestação contratransferencial por parte do aluno no papel de psicoterapeuta. Nesse caso, a emergência das CTPI indicará tal regressão.

Portanto, o aluno pode ter uma atuação grupal adequada; pode, em princípio, diferenciar-se de seu interlocutor adequadamente; porém, se seus núcleos temáticos traumáticos forem tocados por uma postura ou dinâmica psicológica, ele terá evocados em si núcleos contratransferenciais, e entre eles apresentam--se as CTPI.

Isso não significa que o aluno seja psicótico, porém, podemos supor que traços neuróticos podem estar incluídos em seu psiquismo. O que observamos é que, no início do *role-playing*, os sujeitos apresentaram certo temor em se expor diante dos colegas do grupo, mas isso foi superado pelo adequado aquecimento nas dramatizações e também pelo diagnóstico da emergência da primeira cena temida. A partir desse momento, pudemos perceber que o sentido de triangulação e de circularização ficou muito mais evidente; além disso, as inversões de papéis ocorreram sem problemas até o final do trabalho. Apesar de não ser esse nosso objetivo, parece que o trabalho teve também efeitos terapêuticos, na medida em que a espontaneidade de alguns elementos ficou evidente.

INVERSÃO DE PAPÉIS

Depois do treinamento do jogo de papéis, a criança consegue, nesta fase, trocar de papel com o outro integralmente e de maneira recíproca. É a capacidade de se colocar no lugar do tu. Nesse momento, o fator tele é evidenciado nela, permitindo não somente que ela se coloque no lugar do outro, mas também que o outro se coloque em seu lugar. Sendo assim, a criança pode perceber o outro como ele realmente, além de também ser percebida como é.

Essa fase inicia-se cedo, porém é o início de um processo que se constituirá somente na vida adulta e que serve de embasamento para a técnica psicodramática de inversão de papéis, que significa colocar-se no lugar do outro. Essa técnica é utilizada como modo de reatualizar e reestruturar o protagonista da dramatização, que visa ao dar-se conta ou à compreensão integradora do protagonista.

Na fase da inversão de papéis, por meio da assunção do papel do outro a criança desenvolve a continência para ter esse outro dentro de si, diferenciando-se dele e, ao mesmo tempo, amadurecendo o sentido de alteridade. Ela pode, então, compreender como o outro pensa, sente e percebe, desenvolvendo a percepção da realidade objetiva à sua volta e adequando sua subjetivação a ela.

A inversão de papéis nos faz supor que tenha possibilitado aos elementos do grupo perceber que a ocorrência das cenas temidas era comum entre eles. Isso colaborou com a dissolução de "mistério" que a cena temida tem para quem a sente. Segundo Kesselman, Pavlovsky e Frydlewsky (1984), o trabalho psicodramático com a cena temida possibilita a "revelação do mistério" em que se constitui a cena temida para o psicoterapeuta que a sente. E eles complementam afirmando que

> Essas cenas que chamamos de "cenas temidas" [...] podem ficar como segredos ou mistérios [...] Se nos detivermos aí, o caminho é aberto por uma pergunta: o que está escondendo de si próprio? E, se vem sozinha,

podemos dizer: de qual cena latente da vida pessoal ela é representante [...]? (*Ibidem*, p. 35)

Segundo as considerações dos autores, existem ligações entre a cena temida da vida profissional que está se iniciando e um conflito latente pertinente à vida pessoal do aluno, que pode até envolver fatos significativos ocorridos nas primeiras fases de seu desenvolvimento psicológico. Nesse sentido, podemos afirmar que o trabalho diagnóstico realizado em nossa pesquisa também se tornou revelador tanto para o indivíduo como para o grupo, à medida que os núcleos neuróticos de suas histórias pessoais ficam evidentes por meio das vivências de suas cenas temidas. Ficam também evidentes as interferências que eles causam nos atendimentos profissionais que realizam.

ENCONTRO

A plena inversão de papéis possibilita ao indivíduo o fenômeno do encontro. Trata-se de um momento especial em que esse fenômeno ocorre abruptamente e de maneira intensa. Nesse momento, a espontaneidade-criatividade é liberada em um ato de entrega mútua dos interlocutores. Segundo Fonseca Filho (1980, p. 97),

> é um instante "louco" que representa um momento de saúde da relação. Ganha a conotação de orgasmo vital, expressa a explosão de "centelhas divinas" na fração de tempo em que acontece a perda de identidade pessoal, temporal e espacial. As pessoas envolvidas fundem-se na "re-união" cósmica. [...] As pessoas envolvidas nesse curto-circuito encontro-cosmos retornam fortalecidas, revitalizadas em suas próprias identidades, o "eu" será mais "eu" e o "tu" será mais "tu".

A matriz de identidade fica assim constituída com a possibilidade do encontro. Dependendo de como cada fase é vivenciada pela criança, haverá ou não consequências na idade adulta. Essas consequências dependerão da internalização do modelo relacional na matriz de identidade, conceito introduzido por Fonseca Filho (1980) na teoria psicodramática e que diz respeito ao processo identitário pelo qual a criança passa durante seu desenvolvimento.

A internalização do modelo relacional é o processo pelo qual a criança vai internalizando a forma e as características de suas primeiras relações. O autor considera que essas internalizações se dão por meio de um processo de cunhagem da identidade do indivíduo, o qual funciona como a "caixa preta" de um avião, segundo a imagem utilizada pelo autor, onde tudo é gravado, não somente no nível da memória, mas também no nível corporal (memória organísmica). Segundo ele,

> [...] o registro abrange a captação consciente e inconsciente dos vínculos e do ambiente. Assim, uma criança pode não ter consciência do clima que a cerca, mas isso ficará entranhado no seu corpo, em sua mente e em seu coração. Onde se localiza o registro? Na globalidade do ser. Não só no cérebro, mas também nos músculos, na pele, nos órgãos, na "gestalt" que representa aquela pessoa. (*Ibidem*, p. 105)

O autor considera ainda que os registros podem ser positivos (amor, amizade, carinho etc.) ou negativos (rejeição, ódio, inveja etc.). Dependendo da qualidade dessas internalizações, se for mais positivo ou negativo, o indivíduo desenvolverá maior nível de saúde mental ou de loucura, respectivamente.

Quanto maiores os níveis de "internalizações negativas", maior o coeficiente transferencial (ausência do fator tele) do indivíduo em relação aos seus "tus", o que significa dizer que o indivíduo estará preso às fases onde ocorreram as internalizações com "excesso" de registros negativos.

O processo de internalização do modelo relacional inicia-se desde a mais tenra idade da pessoa até sua morte. Dessa forma, Fonseca Filho (1980) considera a psicoterapia como a "re-matriz" de identidade, na qual podem ser cunhadas novas inscrições de novas "marcas" no processo identitário do indivíduo. A Figura 1 apresenta o esquema proposto pelo autor:

FIGURA 1: ESQUEMA DA MATRIZ DE IDENTIDADE COM A ORIGEM DAS SUAS RESPECTIVAS TÉCNICAS PSICODRAMÁTICAS

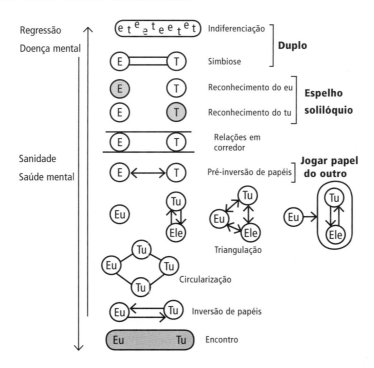

Quando observamos a ocorrência das CTPI, inferimos que o estagiário pode ter dificuldades para adquirir sua identidade profissional. Podemos ainda pensar que esta foi constituída por um excesso de registros negativos em sua Matriz de Identidade profissional ou então por uma ausência de registros nessa mesma Matriz.

Apesar de ele ainda estar desenvolvendo o papel profissional, as situações transferenciais vividas na matriz de identidade podem contribuir com a assunção desse novo papel. Poderíamos perguntar: ele está doente? A resposta é sim, na medida em que há indícios de que as fases da matriz de identidade não foram completadas e na medida em que as defesas intrapsíquicas fornecerem indícios de núcleos neuróticos aflorados quando da formação do papel profissional.

TEORIA DE PAPÉIS

O papel é uma unidade de representação relacional, de ação e de funções sociais. É a menor unidade de conduta observável, a forma de funcionamento que o indivíduo assume no momento específico em que reage a uma situação específica. São modelos de experiência de uma pessoa real ou imaginária, cujo modo de ser determina características evidentes do comportamento.

Os papéis têm origem na matriz de identidade, que é a base psicológica para o desempenho de todos os papéis. O ego deriva dos papéis e a personalidade, dos fatores GETA (G = genético; E = espontaneidade; T = tele; A = ambiente). Os papéis podem ser classificados em três tipos, como veremos a seguir.

PAPÉIS PSICOSSOMÁTICOS

Os papéis psicossomáticos, também chamados precursores do ego, estão ligados às funções psicossomáticas, não permitem relações pessoa a pessoa bem definidas e têm como principal característica a reunião em conglomerados de papéis (*clusters* ou cachos de papéis).

Os papéis psicossomáticos são os primeiros a aparecer, partindo das funções biológicas da espécie. Mezher (1980) contesta o termo "papel psicossomático", uma vez que, segundo ele, não comporta um contrapapel, e propõe, então, o termo "zona corporal em ação". Porém, Naffah Neto (1979) aponta a existência de um contrapapel exercido pela mãe quando esta reconhece e aceita a criança, seja no seu ato de mamar, de defecar, seja no ato de urinar. Discordando de Moreno e de Rojas-Bermúdez (1978) em relação à base biológica dos papéis psicossomáticos, Naffah Neto propõe que existe uma base social para tais papéis, a qual também exige em seu desempenho uma capacidade de improvisação da criança, que é a espontaneidade, já que sua estrutura genética programada ainda não está completa.

PAPÉIS SOCIAIS

Os papéis sociais correspondem à dimensão da interação social e têm origem na fase das relações em corredor da matriz de identidade. Fica evidente que, se o aluno não atingiu certo nível de maturidade no desenvolvimento psicológico, ele terá dificuldades em estabelecer seu papel profissional, por mais que a carreira acadêmica colabore para isso.

PAPÉIS PSICODRAMÁTICOS

Os papéis psicodramáticos correspondem à dimensão psicológica do "eu" e dependem da fantasia e da imaginação do indivíduo. Quando presentes no repertório do indivíduo em quantidade e com qualidade dramática, podem ser um indicador de saúde mental. Nesse sentido, tomamos a ideia de Naffah Neto (1979, p. 196) de que "[...] os papéis psicodramáticos definem exatamente a emergência do potencial criativo do sujeito e, como tal, a concretização da imaginação criadora possibilitada e catalisada pela espontaneidade".

Em determinado momento no trabalho com a cena temida de Mona, Mila desempenhava o papel de Francisca, uma paciente fictícia. Mila demonstrou certa dificuldade de desempenhar o papel de tal paciente e foi substituída por outro componente do grupo na dramatização. As dificuldades que forçaram essa substituição podem ser traduzidas em indícios de problemas na assunção do papel psicodramático da paciente Francisca, refletindo, assim, as dificuldades do indivíduo em termos de espontaneidade-criatividade, bem como as dificuldades no desenvolvimento psicológico.

A não permanência em determinados papéis pode indicar um aumento no nível de ansiedade do indivíduo que desempenha o papel psicodramático a tal ponto que ele pode não suportar a permanência nessa situação. A ansiedade intensa e a não permanência no papel podem ser encarados como uma quebra no fluxo de espontaneidade-criatividade; além disso, é visível a emergência de defesas intrapsíquicas diante de uma situação que se torna temida ou aversiva, com a qual o sujeito não sabe lidar e não suporta. É possível, então, considerar que, nesse exemplo, podem existir entraves no desenvolvimento psicológico do indivíduo, os quais foram mobilizados no desempenho de tal papel.

O desempenho de novos papéis depende do fator E e possui três fases:

- *role-taking* – a adoção de papéis por imitação;
- *role-playing* – o jogo de papéis que explora possibilidades de representação;
- *role-creating* – o desempenho de papéis de maneira espontânea e criativa.

Diante do exposto, pode-se observar a estreita ligação da teoria de papéis com a matriz de identidade. Pode-se observar, também, que o desenvolvimento psicológico calcado por registros negativos nas primeiras fases da matriz de identidade ou pela ausência de registros fará que o indivíduo não consiga adotar papéis, sejam eles sociais, sejam psicodramáticos. No caso do aluno, o papel social de psicoterapeuta muitas vezes não chega a ser assumido, não passando da fase do *role-taking*. Esse aluno apenas imitará os modelos que teve em sua formação acadêmica, os modelos de professor e supervisor, não chegando, portanto, a formar o papel profissional propriamente dito. No psicodrama, a noção de papel serve para constituir uma teoria da personalidade e uma teoria das relações sociais, e, como já foi dito, a personalidade é avaliada pelo número e pela qualidade de papéis que a pessoa consegue assumir.

Nem todos os papéis desempenhados por uma pessoa são conhecidos por ela mesma. Alguns são estranhos ao "eu", pois são assumidos de maneira inconsciente ou impostos de modo imperativo. Nesse sentido, os neuróticos têm um repertório de papéis empobrecido e não possuem flexibilidade para a tomada de um novo papel, além de não conseguirem inverter o papel com seu interlocutor, demonstrando, portanto, dificuldade em cumprir a expectativa social no desempenho de um papel solicitado.

Segundo Kaufman (1992), o papel possui um caráter duplo: é uma conserva impessoal em seu aspecto mais coletivo e pode ser transformado ou "re-criado" pelo homem no momento de *role--taking*. Como existem expectativas com relação ao desempenho de papéis e, ao mesmo tempo, variações em seu desempenho, a resposta que o sujeito fornece em face das expectativas do papel a ser desempenhado por ele torna-se importante.

No caso do aluno de psicologia, o grupo ao qual pertence, os professores, os supervisores, sua família, o paciente que está atendendo e ele próprio exercem uma influência determinante na conduta do papel a ser assumido. Essas pressões provenientes das expectativas somadas aos entraves em seu desenvolvimento na matriz de identidade e às idiossincrasias do curso de psicologia podem tornar-se sérios obstáculos na assunção do papel de psicoterapeuta, e a concorrência desses aspectos pode contribuir seriamente para a emergência das CTPI.

Desse modo, podemos pensar que o aluno que traz com ele problemas de desenvolvimento poderá usar o curso de psicologia como vínculo compensatório e justificar-se racionalmente por isso. O curso, por intermédio de seus agentes, dos professores e do supervisor, passa a ter a função de cuidar dele, de lhe atribuir valores e limites, e de lhe dar orientações, além de tomar decisões por ele.

À medida que as defesas intrapsíquicas, os vínculos compensatórios e as justificativas agem nesse indivíduo, os sentimentos de perda parcial de identidade, ansiedade, insegurança, incompletude e medo são aliviados (Dias, 1987), fazendo que ele deixe de se autoatualizar em busca de transformação. Nesse sentido, há uma acomodação psicológica que cristaliza sua criatividade e espontaneidade e, consequentemente, seu processo de busca interna, visando ao complemento de seus modelos psicológicos. A partir do momento em que uma situação de vida ansiógena ocorre e as defesas intrapsíquicas e os vínculos compensatórios não dão conta de "protegê-lo", ocorrem o retorno de seu processo de busca interna e a manifestação da angústia patológica.

O estudante de psicologia, ao entrar em contato com as CTPI, sai de uma acomodação psicológica para retornar ao seu processo de busca interna (Dias, 1987), o que lhe causará angústia. Podemos pensar que a transição da graduação para a clínica psicológica pode se tornar uma situação em que a acomodação psicológica se desestabiliza, prejudicando, assim, seu desempenho nos estágios. O rompimento da acomodação psicológica pode ocorrer pela dissolução do grupo ao qual pertencia, pela perda de contato com os professores, até então presentes em seu desenvolvimento acadêmico, e pelo confronto com as novas atividades, que, de certa maneira, o deixarão exposto, somadas a um frágil conhecimento teórico. O rompimento da acomodação psicológica o conduzirá à retomada de seu processo de busca interna, que é bastante ansiógeno, deflagrando o processo do estabelecimento de novos vínculos compensatórios. A relação com seu paciente pode ser um deles.

CONSIDERAÇÕES SOBRE O CONCEITO DE CENA TEMIDA

A importância de abordarmos a teoria da cena reside no fato de que, da mesma maneira que a interpretação é a invariante da psicanálise, a cena é a invariante do psicodrama. Além disso, é na cena que ocorre o fenômeno que este livro apresenta.

Existem vários modos de se "fazer psicodrama": o psicodrama clássico ou original, que envolve somente o jogo de papéis; o psicodrama aplicado, que se refere à aplicação das técnicas às mais diversas atividades; o psicodrama psicanalítico, oriundo de outras escolas, como a francesa, a argentina e a espanhola; e o psicodrama brasileiro, que se desenvolveu a partir do psicodrama argentino. Essas variações se devem à visão de Moreno, que construiu sua obra de maneira aberta, permitindo que seus seguidores pudessem fazer releituras e acréscimos.

Outra característica de sua obra advém do fato de a óptica desse autor ligar-se principalmente aos fatos da vida, isto é, Moreno sempre levou suas ideias e teorias ao ambiente social, considerando o teatro indissociável dos fatos corriqueiros do dia a dia. Por intermédio do jogo dos papéis sociais, ele vislumbrava a possibilidade de pesquisa, tratamento e atualização da sociedade e do ser humano, tornando-os melhores. Portanto, no jogo de papéis, principal metodologia da teoria moreniana, está a cena, seu núcleo central. Como aponta Massaro (1996, p. 13), "[...] a cena é a invariante comum às diferentes formas de se fazer psicodrama. Mais do que em Moreno, seu criador, o psicodrama tem na cena sua invariante máxima [...] podemos encontrar na cena a essência metodológica do psicodrama".

A cena é o local de transformação do indivíduo, não é apenas técnica, que pode ser aplicada indiscriminadamente, mas é um instrumento de ação comunitária e ideológica que ajuda a mobilizar e conscientizar as pessoas. Ela está presente não somente no momento psicoterápico, no qual oferece potencial para a transformação, não apenas no teatro, como expressão dramática; ela está presente na vida de todos nós.

Desde que desempenhamos papéis sociais, nós o fazemos por intermédio da cena. Se ela indica mudança e transformação, indica também crise. Todas as crises humanas acontecem por meio dela. Nesse sentido, o medo que paralisa e a cena temida do estudante de psicologia diante de seus primeiros atendimentos clínicos emergem por meio da cena concreta ou imaginada. Fica caracterizada nessa cena a fantasia do estagiário a respeito de como esse paciente é como pessoa, a identificação com a queixa apresentada por ele, o medo diante da ameaça imaginária que esse indivíduo evoca e a sensação de impotência ou onipotência.

A cena temida, além de ser um momento de expressão dos bloqueios de seu desenvolvimento psicológico por meio de sua história de vida e dos entraves na aquisição de seu papel profissional, é um momento de crise no qual o estudante tem a possibilidade de sair fortalecido se houver a conscientização de tais entraves.

Podemos dizer, então, que a cena temida expressa não somente o que o estagiário é, mas também o que ele não é, uma realidade oculta que está entre o ser e o não ser. Existe na CTPI a expressão da sua loucura, porque traz à tona um eu alienado, e, quando essa loucura é percebida, passa a existir a possibilidade da cura. Podemos observar, então, que a cena possui dois momentos básicos: a revelação e a transformação. O primeiro fica evidente quando a crise emerge e o segundo, quando ela é conscientizada pelo protagonista.

No primeiro momento, temos a montagem teatral da vida do indivíduo e, no segundo, o drama dele. É nesse segundo momento que a cena se torna transformadora e terapêutica. Se o drama não ficar evidenciado para o protagonista ou não for percebido por ele, dá-se somente a revelação, e esta se repetirá até que possa surgir o drama, o dar-se conta do não ser, do oculto, em toda sua amplitude.

O acolhimento do drama, isto é, da ação, remete o sujeito à intervenção terapêutica, seja na vida dentro do processo psicoterápico, seja em atividades correlatas que envolvam o jogo de papéis e que passam a ter um efeito terapêutico sem ter o objetivo explícito de sê-lo. Quando a intervenção é oferecida pela vida ou em intervenções sem o objetivo terapêutico, segundo Dias (1987), o processo de busca interior do indivíduo visando a completar seu desenvolvimento psicológico é aleatório. Isso indica que o surgimento do drama é esporádico, implicando que ele pode não acontecer.

A descristalização da espontaneidade e da criatividade advindas da complementação do desenvolvimento psicológico está sujeita à sorte e à incerteza. Segundo o autor, quando o efeito terapêutico ocorre por meio de uma intervenção profissional na psicoterapia, tal processo de busca passa a ser sistematizado, visando a completar o desenvolvimento psicológico e a consequente descristalização da espontaneidade e da criatividade. Nesse sentido, o drama passa a ser vivido por intermédio da cena, produzindo no protagonista novas subjetividades. Segundo Moreno (1975), o tratamento psicodramático consiste em induzir o sujeito a uma representação adequada das dimensões vividas e não vividas de seu mundo privado.

A cena é um instrumento que, como observa Massaro (1996), favorece a incorporação do indeterminado, do estranho em nós e, por meio disso, na objetivação de singularidades dispersas, permite um ganho de subjetividades. Daí a importância do trabalho com as CTPI ainda no decorrer do curso de psicologia, pois, ao promover a abertura de um espaço para que o aluno possa ser trabalhado com a intenção de dissolver o fenômeno, há uma ampliação de subjetividades, bem como a aquisição do papel profissional de maneira mais rápida e eficaz, além de um melhor aproveitamento do potencial do estagiário.

Kesselman, Pavlovsky e Frydlewsky (1984) demonstram essa preocupação ao observar o fenômeno nos dirigentes de grupos terapêuticos, operativos e teatrais, os quais revelavam situações de medo intenso ao atender determinados pacientes nos grupos que dirigiam. Após estudos sobre a origem desses medos, verificou-se a relação destes com situações ocorridas no seio familiar dos dirigentes. Denominaram cenas temidas as situações em que tais medos ocorriam quando do confronto de tais dirigentes com os elementos dos grupos que atendiam. Vale ressaltar que esses dirigentes não eram iniciantes e que já trabalhavam em instituições e em equipes interdisciplinares.

Os autores, ao estudarem tais cenas, decidiram por intervenções psicoterápicas grupais mescladas com supervisão, as quais denominaram grupos de autogestão. Neles, os dirigentes eram supervisionados e, a partir da emergência do medo (cena temida), verificavam os conteúdos contratransferenciais do protagonista do grupo. A partir dessa verificação, realizada por meio de técnicas psicodramáticas, eles buscavam a cena ocorrida na família, a qual estava na base de tal medo. Eles a denominaram cena consoante. Segundo eles, as cenas temidas são a "via-régia" para se chegar ao inconsciente.

A cena consoante era, então, tomada "emprestada" do protagonista e transformada em uma "fotografia", uma imagem que cada elemento do grupo poderia transformar em cenas próprias de acordo com seus sentimentos, suas reações e suas atitudes. Essa técnica, que visava a adaptar a cena do protagonista às cenas que encontrassem ressonância em todos os elementos do grupo, foi denominada multiplicação de cena, e essa cena consoante multiplicada foi denominada cena ressonante. Com isso, os autores (1984, p. 38) afirmam que "as cenas assim tratadas deixam de ser somente encobridoras para se transformarem em 'descobridoras' e para formar, como em um quebra-cabeça que se volta a armar, um conjunto com a ressonância nos outros, essa nova cena mutativa: a cena ressonante". As cenas ressonantes eram trabalhadas entre os elementos do grupo até que se chegasse a uma "grande cena" que traduzisse os medos de todos os elementos do grupo em uma só *gestalt*. Após esse trabalho, propunham o retorno à cena temida, e verificavam que esta já não mobilizava o protagonista da dramatização.

O trabalho desses autores, que teve início em 1976, vem confirmar nossa visão sobre as cenas temidas. Foi uma descoberta que contribuiu sobremaneira para que realizássemos essa pesquisa com tranquilidade e entusiasmo. Entre as diferenças básicas dos dois trabalhos, podemos citar:

- nossa pesquisa visa a estudar a formação das cenas temidas, ao passo que o trabalho dos autores pretende o atendimento às cenas temidas. Eles não discutem suas causas, mas seus efeitos;

- a população-alvo deste trabalho é composta por alunos do curso de psicologia que ainda estão em formação como psicoterapeutas, ao passo que o trabalho argentino, iniciado em Madri, visa ao treinamento, à psicoterapia e à supervisão de profissionais já graduados e com certa experiência;
- as outras diferenças mais importantes dizem respeito ao enfoque que damos aos sujeitos e às técnicas utilizadas. Se fosse proposto um atendimento, procuraríamos trabalhar o sujeito no sentido de preservá-lo diante de seus pares, por não se tratar de psicoterapia, mas da aquisição do papel profissional.

Na universidade, mais especificamente no curso de psicologia, para o aluno, o *setting* é pedagógico e de pesquisa. Não cabe, portanto, diante dos colegas, a discussão de seus problemas pessoais; porém, tais problemas são parte dos obstáculos à formação do futuro psicoterapeuta, o qual deve ser orientado acerca de qual caminho tomar para sistematizar seu processo de busca interior, a fim de aproveitar integralmente seu potencial na assunção desse novo papel.

Isso envolve não somente teoria e técnica, mas também postura e motivação adequada. Entendemos que o atendimento às CTPI deve ocupar a lacuna existente entre a psicoterapia e a supervisão, propiciando a delimitação clara entre esses contextos, o que evitaria maiores confusões a respeito dos papéis que o aluno deve desempenhar, contudo, esse não parece ser o enfoque daqueles autores.

2
Sobre os fatores predisponentes

Muitos são os fatores que podem tornar expressos núcleos neuróticos ou de desestruturação psicológica. Sabemos também que o desenvolvimento do ser humano nem sempre é um processo bem-sucedido, que alcança sua plenitude sem entraves. Este capítulo diz respeito aos traços neuróticos que os estudantes podem desenvolver ao longo de sua vida e que constituem modos de subjetivação: a maneira ou o jeito de ver, sentir e entender o mundo, as coisas e as pessoas de seu convívio, e seu modo muito peculiar e único de reagir às situações, transformando-as ou não. Todos esses aspectos existirão sob a égide de defesas psicológicas que se estabelecem por conta de tais núcleos neuróticos. Sob o modo psicodramático de ler o indivíduo, classificamos os principais aspectos que constituem fatores predisponentes e, para chegarmos a tais fatores, fundamentamos nosso raciocínio nos também estudos de Taverna (1997) e Lehman (1988).

A ESCOLHA DO CURSO

Em nossa experiência como docente no ensino de psicologia, estabelecendo contato com muitos alunos, observamos que o jovem que chega ao meio universitário para ingressar nesse curso geralmente é fruto de uma classe média urbana. Ao investigarmos sua escolha, ouvimos, muito frequentemente, as seguintes explicações: "Escolhi este curso porque gosto de ajudar as pessoas", ou, então, "Minha escolha é esta porque quero entender mais o ser humano", ou, ainda, "Eu já trabalho com recursos humanos". Tomando como base os dados coletados por Taverna (1997, p. 80) sobre os alunos do curso de psicologia da Universidade São Marcos:

> [...] 48% dos indivíduos entrevistados escolheram o curso pelo desejo de conhecer e ajudar o ser humano, 34% por afinidade, 22% por influências dos professores, 15% por interesse, 12% por autoconhecimento, 4% para ser um profissional liberal, 4% para aperfeiçoamento profissional e 1% não responderam. [...] O desvendamento da existência humana e a possibilidade de saber quem somos, como somos, por que agimos de determinadas maneiras são as questões levantadas por várias áreas do conhecimento, inclusive pela psicologia.

A respeito da origem social, Taverna (*ibidem*, p. 83) faz a seguinte consideração:

> São as camadas mais privilegiadas da população, no contexto geral da sociedade brasileira, que têm acesso ao ensino superior [...] A universidade particular, no entanto, que oferece principalmente cursos noturnos, acolhe as pessoas que, embora pertençam às camadas privilegiadas, têm menor poder aquisitivo. Precisam trabalhar, não só para custear seus estudos, mas também para sobreviver. O diploma, uma profissão, pode ser o sonho que se torna realidade, com muito sacrifício e a dedicação possível.

Desse modo, podemos confirmar a percepção acerca dos alunos que escolhem o curso de psicologia: eles têm uma origem determinada que nos possibilita vislumbrar de maneira geral suas características. O que parece mobilizar os alunos para a escolha desse curso, em especial a carreira clínica, parece estar ligado também à questão da ascensão social, como aponta a autora: "[...] a orientação clínica nos cursos, garantindo a profissionalização autônoma do psicólogo, que incrementa a imagem social do novo profissional liberal, acabou por trazer um número cada vez maior de estudantes ao curso de psicologia" (*ibidem*, p. 58). O prestígio passa a ser um aspecto de influência bastante frequente entre aqueles que fazem tal escolha. A autora nos mostra também outro grande aspecto influenciador ligado a este fator, afirmando que

> O psicólogo passou a confundir-se com o médico, empenhando-se na cura das doenças e realizando uma atividade individualizada, buscando apenas no indivíduo a causa de seus problemas. Essa prática tornou-se sofisticada na prestação de serviços... (*Ibidem*, p. 59)

A ascensão social aliada ao prestígio fez da psicologia clínica um valoroso instrumento por conter uma conotação de similaridade com a carreira médica, porém com uma demanda de requisitos para obtenção da habilitação aparentemente menor ou menos difícil do que aqueles inerentes à formação médica. Hoje, esses fatores parecem ainda estar presentes, e aqueles que abraçam a carreira clínica encontrarão um mercado de trabalho saturado de profissionais, o qual já não absorve mais esse tipo de especialista.

Ainda mantendo o enfoque sobre os fatores que podem exercer influência na escolha do curso de psicologia, temos questões sociopolíticas que o permeiam a partir de sua regulamentação, em 1962, e estenderam-se pela década de 1970, as quais se ligam às questões do prestígio profissional e da ascensão social.

O país vivia sob o regime autoritário e, nesse sentido, não era interessante para o sistema político vigente privilegiar a formação de um pensamento crítico. Simultaneamente, havia um aumento na procura de jovens que aspiravam à carreira universitária e uma crescente demanda no mercado de trabalho em virtude da expansão econômica. De acordo com Taverna (1997, p. 55)

> Vale salientar aqui as características do alunado das instituições particulares que, rejeitados no curso oficial, recorrem aos estabelecimentos particulares que endossavam o "mito" da educação como canal de ascensão social.

Esses alunos estavam interessados tão somente na obtenção de informações que seriam transmitidas para serem utilizadas em seus locais de trabalho. Uma grande maioria que deseja uma informação mais fácil [...].

Com isso, proliferaram os cursos universitários particulares com qualidade duvidosa, apesar de terem como paradigma as universidades públicas. A mesma autora diz ainda que,

assim, a proposta dos cursos de formação de psicólogos, a imagem social desse profissional e as expectativas dos estudantes dessa área tornaram-se elementos de um círculo que mantém ilusoriamente, até hoje, a psicologia no campo restrito da prática clínica em um mercado de trabalho favorável. (*Ibidem*, p. 59)

A ideologia dominante fez que aqueles que pretendiam uma carreira na psicologia clínica ficassem sob a influência de um viés de "*status* social", de respeitabilidade e de sucesso profissional que podem ser facilmente alcançados. Esses aspectos ideológicos parecem ir ao encontro das aspirações do candidato a psicoterapeuta, reforçando, por meio da aprovação social, a escolha da carreira de psicólogo em detrimento do entendimento das motivações pessoais mais profundas que podem estar por trás de tal escolha.

Podemos inferir que a escolha do curso, em muitos casos, pode estar funcionando como compensação psicológica para as insatisfações pessoais. A alienação imposta pelo sistema social do regime autoritário nos faz supor que isso tenha colaborado para o afastamento do indivíduo de suas reais necessidades e aspirações, traduzindo-as distorcidamente por intermédio da condução ideológica da escolha de uma carreira que parece promissora. Desse modo, a solidariedade com o próximo, a compreensão do humano, a conquista da admiração dos companheiros e familiares são mecanismos de compensação que mascaram a necessidade de ser ajudado, de saber quem se é e de ser acolhido e amparado.

Entendemos que essas necessidades nem sempre parecem nítidas para a maioria dos indivíduos, e entre eles, estão aqueles que se pretendem psicoterapeutas. Podemos afirmar que, da década de 1970 até pelo menos a primeira década do século XXI, os candidatos a psicólogos continuam sob as influências ideológicas que se integram às próprias necessidades do indivíduo, conduzindo o aluno, assim como outrora, a uma escolha profissional que funciona como compensação às suas angústias existenciais.

Isso nos faz supor que, se o regime autoritário procurava conduzir os indivíduos ao encontro de seus interesses, hoje temos os efeitos dos interesses econômicos, que usam os mais diversos tipos de veículos de comunicação para também conduzir aqueles que estão prestes a escolher uma carreira profissional. E tanto esses interesses como aqueles do regime autoritário, embora com matizes diferentes, intensificam no indivíduo necessidades, expectativa de sucesso e de prestígio que se transformam em soluções compensatórias em detrimento de reais desejos e necessidades que ele possui.

A figura profissional de psicoterapeuta, do modo como é divulgada pelas instituições desde os anos 1970, parece continuar sendo uma maneira ilusória de rápida ascensão social e de desenvolvimento pessoal que pode contribuir para a alienação e frustração do indivíduo. A alienação de si mesmo e do mundo é um dos fatores que podem contribuir significativamente para as CTPI, na medida em que reflete o grau de neurotização do indivíduo, agravado pela ideologia vigente em determinado momento histórico. Com a neurotização, a sensação ou noção corporal, a percepção ou noção do meio ambiente e o pensamento sobre si e sobre o outro podem estar distorcidos, o que implica obstáculos contratransferenciais na função de psicoterapeuta.

Concordo com o grande mestre Gaiarsa (2009) quando afirma que o grande mal de nossa "educação" é aprender a fazer de conta que tudo o que é dito na ideologia é verdade. A família é maravilhosa, as instituições e as profissões ditas clássicas são o caminho para o sucesso. Nesse sentido, a transferência de informação equivaleria à transferência de experiência e, de certa maneira, resolveria todos os problemas ou expectativas daqueles que efetivassem uma carreira profissional de prestigio, o que não é verdade. A escola continua com alunos imaturos por dependência afetiva, familiar e econômica por estarem implicitamente proibidos de errar, de reconhecer os seus erros e, principalmente, de deixá-los expostos (afinal, isso é vergonhoso!). Afasta-se, dessa forma, a possibilidade do contato com o humano que existem em nós, isto é, não devemos nos comprometer! Consequentemente, tomar consciência de suas limitações intelectuais e emocionais pode ser compensado ou resolvido tornando-se psicólogo. A finalidade é "passar de ano" e tudo se resolverá. Infelizmente, é assim que os alunos são conduzidos na maioria das faculdades.

É preciso prestar atenção às teorias ditas em aula, "ir bem nas provas" e ter uma "postura científica", sem envolvimentos emocionais e sem demonstrar sentimentos comprometedores que possam prejudicar a razão madura, sistemática e organizadora; o aluno, ou mesmo o profissional, não pode ter ou demonstrar entraves em seu desenvolvimento psicológico, ou seja, "[...] o psicólogo deve aprender a refinar suas técnicas de disfarce" (Gaiarsa, 2009, p. 12).

PROJETO DE VIDA *VERSUS* BUSCA INTERIOR

Nesse contexto, o projeto de busca interior vê-se traduzido por um projeto profissional. Nessa influência poderíamos incluir os motivos expressos para a escolha da carreira de psicoterapeuta, por exemplo: "desejo de conhecer e ajudar o ser humano", partindo do pressuposto de que, conhecendo a natureza humana, consequentemente, acaba conhecendo-se a si mesmo. Se esse pensamento for verdadeiro, fica evidente um processo de busca daqueles que escolhem o curso de psicologia, pois isso produzirá, entre outras coisas, uma sensação de angústia. Ao não conseguir completar seu desenvolvimento psicológico, o indivíduo passa a procurar na vida a solução dessa angústia (Dias, 1987). Ao escolher uma carreira profissional, pode-se dizer que o projeto de vida envolvido nessa escolha diz respeito ao prosseguimento do desenvolvimento psicológico do indivíduo que escolhe. Isso vai ao encontro da afirmação feita por Lehman (1988) de que é evidente que, quando o projeto profissional não está desenvolvido, ele "susta" o desenvolvimento de outros projetos pessoais.

O perfil desses profissionais e suas transformações diante dos impasses causados pela idiossincrasia da profissão demonstram um sentimento de culpa nesses profissionais por não obterem sucesso. Essa culpa parece justificar que a remissão da angústia existencial e o completamento do desenvolvimento psicológico do indivíduo estão diretamente ligados com sucesso profissional, segurança financeira e felicidade. A alienação sobre si mesmo parece impor culpabilidade ao indivíduo, que não percebe integralmente o mundo à sua volta, a si mesmo e sua inserção em tal contexto.

Parece que a vida não têm sentido se o projeto profissional não chegar a bom termo. Como se algo neles próprios não conseguisse dar conta de suas atribuições; eles talvez não percebam que os motivos do insucesso podem não estar ligados a eles como profissionais e os atribuem integralmente a si mesmos, carregando, assim, um grande sentimento de culpa.

Não consideram ou não percebem que a estrutura da profissão pode estar comprometendo qualquer possibilidade de sucesso, e parece que eles colocam na profissão o sentido de sua vida, algo maior do que uma forma de vender sua força de trabalho, maior ainda que a realização profissional, uma forma de completar sua existência.

A intenção aqui é evidenciar que existem fatores externos influenciando as escolhas do estudante de psicologia, especificamente os que partem para a área clínica; porém, é importante também enfatizar que fatores idiossincráticos são codeterminantes dessa escolha, pois, ao olharmos mais a fundo a origem das motivações de tais escolhas, muitas vezes encontramos ocultos seus reais aspectos mobilizadores. Refiro-me à escolha do curso e da especialidade clínica como forma de trabalhar conflitos pessoais.

Dias (1994) considera que o indivíduo, ao levantar defesas intrapsíquicas, alcança uma fase que ele denomina fase de acomodamento psicológico. Nessa fase, apesar do bloqueio em seu desenvolvimento, o indivíduo praticamente interrompe o processo de busca interior intrínseco a ele e diminui sua angústia existencial causada por tal paralisia. Esse acomodamento psicológico depende de três pilares: os vínculos compensatórios, as defesas intrapsíquicas e as justificativas. Qualquer situação de vida, seja ela desencadeada pelo mundo exterior, seja pelo mundo interno do indivíduo, pode levar a uma desestabilização psicológica com o retorno ao processo de busca e à angustia patológica. Nesse momento, não há um retorno ao processo de busca interior e, se o sujeito não procurar ajuda profissional, continuará estabelecendo novos vínculos compensatórios, entre eles a carreira profissional. Assim, o estudante tenta completar seu desenvolvimento psicológico por meio do processo de busca interior, utilizando a carreira profissional para esse intento; porém, na realidade, ela pode ter a função de um vínculo compensatório.

AS IDENTIFICAÇÕES COM PSICOPATOLOGIAS E O PROFESSOR COMO PSICOTERAPEUTA

Os indícios que podem nos levar à constatação de que o projeto de vida funciona com compensação da busca interior são as identificações com os quadros psicopatológicos das neuroses por parte do aluno. Com frequência, observamos que, ao conhecer alguns dos conteúdos teóricos e determinados quadros psicopatológicos, o aluno parece sentir que esses conteúdos são inerentes à sua forma de ser. Assim, o candidato a psicoterapeuta expressa uma preocupação que muitas vezes é expressa com uma intensa carga afetiva que parece extrapolar o mero interesse pela disciplina versada pelo professor e solicita que este discorra mais detalhadamente sobre tais conteúdos.

As questões que surgem nem sempre assumem uma forma direta e objetiva, e chegam ao professor como se fossem situações hipotéticas ou exemplos de pessoas conhecidas: "Eu tenho um amigo que...", "Minha vizinha tem uma prima que...", "Um colega de trabalho tem um amigo que...", e, outras vezes, chegam de maneira direta, extrapolando o mero interesse de estudante pela matéria, falando de forma visivelmente ansiosa e, às vezes, angustiada, na primeira pessoa do singular. Essa postura exige do docente uma escuta apropriada, isto é, uma escuta de cunho clínico. Novamente a diversidade de papéis está presente na relação aluno-professor.

É evidente que a mutualidade de papéis dentro da relação não é a de aluno-professor, mas de paciente-psicoterapeuta. Na melhor das hipóteses, de supervisionado-supervisor; porém, essa relação somente deve ocorrer nos estágios supervisionados ao final do curso, e a relação paciente-psicoterapeuta não deve ocorrer, entre outras coisas, porque o lugar não é apropriado. É importante também lembrar que o *setting* é pedagógico.

Estariam eles tentando, dessa maneira, intencionalmente ou não, colocar o professor na peculiar função de psicoterapeuta? Que conteúdos estariam levando o aluno a tal atitude? Haveria alguma relação desses conteúdos com as CTPI? Seriam os mesmos que mobilizam a escolha pela carreira?

Parece-nos que o professor de psicologia deve estar preparado para a docência com qualidades que superam àquelas de um professor comum, pois muitas vezes, em sua posição, faz-se necessário que ele imponha limites nítidos para que não se subverta sua função de educador.

Entre os pontos que merecem destaque está o fato de que o estudante de psicologia tem um motivo aparente para escolher o curso, sua especialidade e, ainda, a teoria de referência para esta, embora exista também uma motivação latente. A escolha por determinados sistemas psicológicos é uma falsa questão, pois o que existe, na verdade, é a atração ou repulsão acionada por afinidades e simpatias do estudante e que não passa pelo racional (Figueiredo, 1996).

Poderíamos estender essa discussão acerca da escolha do curso e da opção pela carreira clínica afirmando que existem motivações de ordem pessoal, nem sempre muito nítidas, além daquelas plenamente racionais e justificáveis, as quais o aluno tenta trabalhar, inclusive no sentido psicoterápico, por meio do curso. Essas motivações de ordem pessoal estão muito ligadas a um processo de busca interior que precisa ser satisfeito. Temos um indivíduo que vai procurar no seu mundo externo uma complementação para aquilo que sente faltar dentro de si, e não raro ele acaba encontrando na própria vida situações que lhe permitem completar seu processo de desenvolvimento psicológico (Dias, 1987).

Provocado pelo conteúdo programático altamente mobilizador, o aluno sofre a ação da emergência de núcleos conflitivos, até então latentes. Uma vez manifestos, tais núcleos passam a desestabilizá--lo emocionalmente. Evidentemente, o nível de ansiedade torna-se mais elevado. Por outro lado, nem sempre a faculdade e os docentes parecem preparados para acelerar o desenvolvimento emocional e pessoal dos alunos, na medida em que ficam presos aos contextos teóricos ou dos estágios que são, até certo ponto, superficiais (Gaiarsa, 2009). Favorecem o desenvolvimento racional e/ ou intelectual, mas não trabalham com o desenvolvimento e a maturação da personalidade. Fica evidente que o desenvolvimento intelectual pode comprometer o desenvolvimento psicológico, e isso não pode fazer parte do perfil do psicólogo.

A formação dos alunos prega o que é adequado ou inadequado, padronizando de certa maneira o comportamento profissional, além de promover "o julgar" o que é certo ou o que é errado dentro das teorias e dos procedimentos professados. A consequência disso é, até certo ponto, a despersonalização do aluno. Não descartamos a teoria ou o estabelecimento de parâmetros profissionais pertinentes e adequados. Refiro-me aqui, concordando com Gaiarsa (2009), à valorização do amadurecimento intelectual em detrimento do amadurecimento emocional, que quase sempre não é tratado na faculdade de psicologia. Segundo o "admirável mestre", os professores devem ser docentes da vida, e não docentes de frases feitas, e devem, antes de tudo, ensinar o aluno aprender a aprender. Nesse cenário, o motivo aparente da escolha do curso e da área de atuação dentro da psicologia confronta-se com a emergência dos conteúdos latentes que permeiam tal escolha, e a tentativa de lidar com tais conteúdos gera elevação do grau de ansiedade.

A POSTERGAÇÃO DA PSICOTERAPIA

Outro fenômeno que podemos compreender, em consequência do quadro descrito até aqui, é a postergação do início de seu processo psicoterápico. Podemos observar que muitas vezes os alunos deixam para começar ou recomeçar tal processo no momento dos estágios supervisionados. A justificativa para esse tipo de atitude reafirma a qualidade de vínculo compensatório que o curso de psicologia pode assumir na vida do estudante e a subversão do papel do professor. Esses dois aspectos parecem atuar como acomodadores psicológicos, fazendo que ele não sinta a necessidade de procurar as vias adequadas para aceleração do seu processo de busca. Com a passagem da etapa da teoria para a etapa dos estágios supervisionados e com a dissolução dos subgrupos que se formaram ao longo do curso, a acomodação psicológica parece também sofrer uma quebra. Essa desacomodação amplia os sentimentos e as sensações característicos do bloqueio de desenvolvimento psicológico, os quais também estão presentes nas CTPI.

Tais sentimentos e sensações são constituídos pela perda parcial de identidade, sensação basal de medo, de insegurança e de incompletude. Eles também estão presentes na hora da paralisia do estudante diante dos primeiros atendimentos (Dias, 1987). Portanto, concluímos que existe uma estreita ligação entre as CTPI e os bloqueios de desenvolvimento manifestos no estudante.

A CRISTALIZAÇÃO DA CRIATIVIDADE-ESPONTANEIDADE

Trataremos do tema criatividade por ser um dos aspectos mais visíveis da dificuldade que o estudante enfrenta traduzida pelo medo que paralisa, e que, se não paralisa, faz que o psicoterapeuta perca a óptica de si e do paciente. A criatividade não é um produto acabado, mas um processo inerente a todo ser humano que interage com a realidade.

Podemos relacionar a cristalização da criatividade e de sua base, a espontaneidade, com o quadro do estudante que sofre os impedimentos por conta de suas cenas temidas e de seus entraves afetivos. É um estado no qual o indivíduo não sabe o que fazer, o que pensar e o que perceber não só antes, mas também durante um atendimento. Trata-se, portanto, de um quadro cuja intensidade dos sintomas pode oscilar dependendo de cada pessoa.

Acreditamos que exista uma série de fatores que concorrem para a mobilização daqueles que escolhem a carreira de psicólogo clínico e, entre eles, alguns podem ser enumerados como os mais importantes: os núcleos neuróticos na história de vida do indivíduo, tendo como expressão problemas afetivos e de relacionamento; a identificação com os conteúdos programáticos, em especial os quadros psicopatológicos; um processo de busca interna já deflagrado quando do processo de escolha da carreira; e a demora em iniciar um processo psicoterápico, culminando na situação ansiógena do primeiro atendimento.

Merece destaque o fato de que, depois da instalação desse quadro, a criatividade do aluno fica cristalizada, reafirmando um quadro neurótico que já dava indícios de sua existência. Nosso raciocínio pode dar a entender que o curso de psicologia pode destruir a criatividade de seus alunos, mas não é isso necessariamente o que acontece, pois a criatividade, com a espontaneidade, é inerente ao ser humano, faz parte de sua natureza, ocorrendo, portanto, sua reabilitação quando da extinção do quadro neurótico. É o que nos mostra a teoria psicodramática de Moreno (1975). Segundo ele, o binômio espontaneidade-criatividade é algo que nasce com o indivíduo e que passa a ser alienado de acordo com o desenvolvimento da inteligência, da memória e das imposições dos padrões morais e sociais, desde a mais tenra idade; sendo a criatividade uma das formas de expressão do fator E. Sobre esses aspectos, ele nos diz:

> [...] É um agente ativo em favor da criança, muito antes que a inteligência e a memória desenvolvam novos métodos de orientação para ela. Mas chega um ponto no desenvolvimento infantil em que a inteligência e a memória assumem a liderança, e o fator E vê-se cada vez mais em uma situação de subserviência em relação a ambas. (Moreno, 1975, p. 130)

Com relação às CTPI, podemos pensar que a ideologia social que privilegia a patologia da espontaneidade-criatividade acaba provocando no aluno um modo distorcido e enviesado de ver a vida, o que contribuirá para que sua identidade profissional seja desenvolvida sob tal ideologia. O predomínio dessa patologia faz que o aluno não seja um agente transformador dessas tradições, mas um mero reprodutor delas e, além do mais, a estreita ligação entre o desenvolvimento profissional e o desenvolvimento psicológico do aluno encontrará sérios obstáculos para o estabelecimento do seu papel profissional. No próximo capítulo discutiremos a idiossincrasia do curso de psicologia, discorrendo sobre alguns fatores externos próprios da formação do psicólogo e muito comuns no dia a dia das universidades. Por mais que tenha havido mudanças estratégicas nas diretrizes e no ensino da psicologia, tais situações permanecem ao longo do tempo com poucas variações.

3
Sobre os fatores externos

Ao pensarmos nos aspectos que influenciam a formação do aluno na graduação em psicologia, alguns fatores também colaboram sobremaneira para a emergência da cena temida. Poderíamos formular a seguinte questão: que aspectos merecem destaque na formação do psicólogo clínico? Os aspectos aos quais me refiro são os seguintes: a questão curricular do curso em relação à demanda social; o viés influenciador dos professores a respeito das várias teorias; e a postura do psicólogo clínico e o desenvolvimento do papel profissional.

Apesar de indissociáveis, abordaremos cada aspecto separadamente, para que possamos ter a noção de como cada um pode contribuir efetivamente no desenvolvimento do papel profissional do futuro psicoterapeuta e quais obstáculos podem surgir.

A QUESTÃO CURRICULAR

Após a colação de grau, o aluno está habilitado a exercer sua profissão. Geralmente, o indivíduo diplomado não necessariamente está formado, mas informado tecnicamente sobre a carreira que desejou abraçar. Taverna (1997, p. 42) escreve o seguinte a respeito da formação do psicólogo:

> [...] as faculdades, mesmo quando já possuíam o curso de psicologia, em nível de graduação e pós-graduação, não estavam habilitadas a

formar profissionais, seja pela sua tradição em estudos teóricos, seja pelo distanciamento da aplicação das técnicas, seja pela dificuldade de promover estágios.

Tomando por base o curso de psicologia, mais especificamente a área clínica, algumas faculdades oferecem uma série de informações técnicas por meio de um painel, tornando o profissional um "generalista teórico", ou seja, o profissional se habilita com visão superficial sobre alguns sistemas teóricos.

Entendemos que existe uma desvinculação entre três aspectos da formação: o aprendizado dos diversos sistemas teóricos, o das técnicas de intervenção e o manejo destas, o que cria um distanciamento entre eles. Por mais que se propague a ideia da interdisciplinaridade ou transdisciplinaridade, desde a Lei Darcy Ribeiro, de dezembro de 1996, há um "erro estratégico", ou seja, apesar das discussões promovidas durante anos, sua aplicação foi assimétrica, isto é, a lei foi promulgada sem que a base da pirâmide educacional estivesse preparada para isso. Poderíamos afirmar que muitas instituições e muitos docentes ainda não conseguiram tal intento. Como sabemos, é voz corrente entre os educadores que a "educação não dá saltos" e qualquer mudança sempre encontra resistência e/ou falta de capacitação. Por outro lado, muitas vezes os estágios clínicos, nos quais o aluno poderia receber capacitação e colocar em prática os conceitos teóricos, não ultrapassam o período de um ano, dificultando, assim, a reflexão sobre conceituação teórica, sua práxis e a apreensão da identidade profissional. Sobre a qualidade dos profissionais formados em psicologia, meros repetidores ideológicos e técnicos, Bock (1991, p. 205) destaca que "[...] a universidade não tem devolvido à sociedade um projeto de profissão, um saber crítico, coeso, comprometido, uma ciência para ser posta em prática em nome dos interesses e necessidades da maioria da população brasileira".

No caso do psicólogo clínico, sua formação demanda aspectos que estão além da teoria. Como esses aspectos são acessíveis na graduação apenas nos estágios clínicos, em grandes grupos de alunos e com tempo curto, o profissional e o egresso da universidade têm de completar sua formação por meio dos cursos de pós-graduação *lato sensu*.

Ainda sobre o aspecto curricular, tomo como base os estudos realizados por Mello (1983), em seu texto *Psicologia e profissão em São Paulo*, que apresenta a trajetória do currículo mínimo das universidades. Essa trajetória mostra que, desde sua regulamentação, em 1964, com exceção acréscimos em alguns pontos, principalmente em termos de número de disciplinas obrigatórias, o currículo sofreu poucas alterações. Até hoje não foram possíveis mudanças curriculares profundas para maior potencialização desses cursos. Mesmo com as mudanças propostas pelas Diretrizes Curriculares de 2004, pretendeu-se articular melhor os conteúdos ao longo da formação, numa tentativa de aproximar a psicologia da realidade social e do mercado de trabalho.

Convém ainda salientar que essas propostas de currículo refletem a década de 1950, onde a demanda de profissionais exigia psicometria, atividades laboratoriais, atividades voltadas para problemas de educação e aprendizagem, além da clínica em consultório particular, sendo as propostas distribuídas nas áreas educacional, clínica e organizacional.

Essas áreas eram comuns nas instituições mais importantes da época, em São Paulo: Faculdades de Filosofia Ciências e Letras São Bento, Sedes Sapientiae e Universidade de São Paulo. Na época, a formação de psicólogos (psicologistas, como eram chamados) recebia influência de dois ramos importantes da ciência: a educação e a medicina, e os primeiros professores formadores desses profissionais eram provenientes, em sua maioria, desta última área.

Não é nosso objetivo aprofundar os estudos sobre a história da psicologia no Brasil, porém, a partir desses dados, temos uma ideia de que o curso de graduação nessa área foi elaborado sob o domínio do modelo médico e do estudo dos problemas educa-

cionais, e que a escolha pela área de atuação recaía com mais intensidade sobre a carreira clínica
A demanda social desse tipo de profissional fez que muitos ingressassem no curso. No entanto, com o aumento do número de egressos nas várias turmas, a competitividade foi se tornando cada vez mais acirrada, pois, como confirma o trabalho de Mello (1983), o mercado já não conseguia absorver um quarto dos profissionais que tentavam ingressar no mercado de trabalho.

Esse esgotamento da demanda, somado à competitividade e ao painel informativo fornecido pela universidade, obrigou o profissional a buscar aperfeiçoamento, pois, ao longo dos anos, o curso já não preenchia os pré-requisitos impostos pelo mercado de trabalho.

Não podemos deixar de nos referir aos avanços no campo da psicologia com o estabelecimento de novas áreas de atuação, como a psicologia forense, a tanatologia, a psicologia aliada ao planejamento estratégico das corporações, para citar apenas algumas. Porém, se analisarmos todos esses aspectos, a formação continua a mesma, visto que não há lugar para os afetos e conflitos dos alunos, pois tudo gira em torno de fazer certo ou não, de um ensino padronizado, sem a abertura para os sentimentos e emoções do aluno que escolhe essa carreira. Ele não consegue se ver como pessoa nem como profissional com potencialidades e limitações que poderiam ser trabalhadas ao longo da graduação. Continua em evidência, na maioria das instituições formadoras, o olhar naturalista para o fenômeno humano, ou seja, olha-se "de fora", "de longe" o objeto de estudo. O psicólogo mostra-se, muitas vezes, disfarçado a seu cliente, com uma irreal "assepsia emocional", e procura também mostrar-se assim perante seus colegas de formação, criando reflexos distorcidos de sua real essência, os quais acabam emergindo com expressões de desequilíbrio emocional pertencentes a uma gama de defesas psicológicas, indo da frivolidade à arrogância, da submissão ao autoritarismo, do solidarismo piegas à destrutividade maledicente.

Por outro lado, o caminho do fazer solitário também ocorre, e o que mais assusta nesse fazer solitário é o "coquetel de abordagens" adotado por alguns psicólogos, o que demonstra a falta de conhecimento e de orientação. Mas por que isso ocorre? Medo da exposição, da crítica e da desaprovação? Insegurança? E o pior de tudo é que não há lugar para isso nas discussões dentro da própria formação.

O VIÉS DOS PROFESSORES

Quanto aos aspectos do viés influenciador que os professores acabam transmitindo, estes se referem, em primeiro lugar, à mistura que compreende o papel de professor e o de psicoterapeuta, e, em segundo lugar, à abordagem teórica que pretende atuar.

Sobre o primeiro aspecto, adotamos as ideias de Baptista (1997), as quais apontam para um professor que procura idealmente promover o melhor processo de ensino em sua perspectiva e de acordo com os valores do grupo particular a que pertence. Por outro lado, muitas vezes pode estar funcionando como reprodutor de um sistema ideológico de poder, é "formado" e "forma" profissionais sem um pensar crítico sobre o saber, incorporando pessoal e automaticamente o valor do desenvolvimento tecnicista e descartando a análise do conjunto. O docente sofre a ação dos alunos que têm uma expectativa de que ele seja o detentor do saber em psicologia, confundindo-o com um psicoterapeuta e, portanto, colocando-o nesse papel, já que, ao se pensar em psicologia tradicionalmente, pensa-se em profissionais da psicoterapia. Não é de todo impossível imaginar que esse profissional possa ceder às pressões e propiciar aos alunos a visão de que ele é mesmo um psicoterapeuta lecionando.

Não queremos dizer com isso que os docentes são mal-intencionados, pois acreditamos que tanto eles quanto os alunos devem ser compreendidos como elementos de uma estrutura educacional que pode ser vista em muitos aspectos como arcaica e obsoleta. A saída para este impasse é o desenvolvimento de um pensar crítico do professor. Em termos psicodramáticos, ele precisaria utilizar seu poder transformador por meio da criatividade-espontaneidade para poder modificar a si próprio, os alunos que ele ajuda a formar e, consequentemente, o sistema do qual ele faz parte.

Com relação ao segundo aspecto, o docente da graduação tem uma trajetória acadêmica e, na maioria das vezes, acumula uma formação de psicoterapeuta. Consequentemente, ele trabalha com uma abordagem específica em suas atribuições clínicas, até porque acredita nela. Portanto, mesmo que seja imparcial em relação às outras abordagens, fatalmente demonstrará seu apreço por aquela que escolheu. Sobre esse aspecto, considera-se a ideia de Baptista (1997), para quem o professor seria mero reprodutor de conhecimento técnico em geral. Esse autor considera "bons educadores" aqueles que, como ele, pertencem ao seu subgrupo de interesse. Na visão dele,

> cada professor assume, portanto, a responsabilidade pela educação de sua área particular, mas não questiona sua função no conjunto de conhecimentos disponíveis. Também não questiona o significado de sua área de trabalho para a formação do profissional em pauta e, menos ainda, a função desse profissional na realidade social num determinado momento histórico. (Baptista, 1997, p. 178)

A dúvida criada a partir dos modelos oferecidos pela universidade por intermédio de sua figura legitimadora, o professor, muitas vezes dificulta a possibilidade de desenvolvimento, por parte do aluno, de sua identidade profissional. Por mais que os professores sensibilizem o aluno ao longo do curso para tal intento, a tendência é a de reprodutibilidade de papéis, e não de uma identidade dinâmica em constante transformação.

Ainda sobre esse assunto, o Conselho Federal de Psicologia, em sua publicação *Psicólogo brasileiro: práticas emergentes e desafios para a formação* (1994, p. 59), apresenta o seguinte:

[...] Como ensinar "curiosidade intelectual" se todo o tempo existe alguém afirmando sua leitura como a "verdade" o que no geral exclui "outras verdades"? [...] envolve alterações no processo de formação que vão muito além da simples mudança curricular, alcançando o nível das práticas pedagógicas, das relações professor-aluno e das próprias posturas dos professores enquanto detentores do conhecimento.

Essa publicação nos traz uma proposta de mudanças para adaptar a formação do psicólogo diante das demandas da profissão:

> As entrevistas apontam também para a necessidade dos cursos de graduação dentro dessa visão mais formativa do que informativa [...] as habilidades citadas anteriormente e mesmo aspectos pessoais requerem um tratamento ao longo do processo de formação que não se confunde com a disseminação de conteúdos, especialmente de regras como agir ou proceder. [...] é importante que os cursos, de forma criativa, abram espaços apropriados para reflexões sobre a conduta profissional. [...] Tais reflexões não podem ficar restritas ao momento do estágio, ao final do curso, quando se torna um desafio romper com padrões restritos de pensamento acerca do papel profissional. (*Ibidem*, p. 66)

A emergência das CTPI em nosso estudo de caso nos informa sobre a falta de profundidade dos conteúdos teóricos e o não estabelecimento da identidade profissional. Os elementos do grupo pesquisado nos concedem importantes depoimentos e mostram-nos, além do viés dos professores, a desarticulação entre teoria e prática e a tendenciosidade dos currículos. Esses aspectos deveriam, em vez de ser um empecilho para a formação, transformar-se em paradigma para que o aluno possa desenvolver uma identidade profissional por meio de um ensino criativo associado a alguns pontos que julgamos importantes, tais como a integração curricular, a atualização profissional dos docentes que funcionam como meros reprodutores técnicos e o desenvolvimento de um pensamento crítico por parte do aluno, além do trabalho com suas emoções e seus conflitos, o que é fundamental.

O trabalho com as CTPI pode propiciar, nesse sentido, o espaço para refletir sobre a futura postura profissional. Por intermédio das dramatizações de suas questões pessoais, o aluno pode estabelecer uma ponte entre o seu desenvolvimento psicológico e o desenvolvimento de seu papel profissional, ambos estando intimamente ligados. Ao realizar esse trabalho antes dos estágios supervisionados, o aluno terá condições de se mobilizar para um trabalho real de formação profissional, já que este depende não somente do currículo, mas também do talento e da aptidão como psicoterapeuta. Assim, ele terá condições de cumprir com sua parte para a reestruturação de algo do qual também é parte.

A POSTURA DO PSICÓLOGO CLÍNICO E O DESENVOLVIMENTO DO PAPEL PROFISSIONAL

Diante do exposto até aqui, é evidente a necessidade de um espaço na graduação para as questões pessoais do aluno, as quais envolvem também a aquisição do papel profissional e estão presentes durante todo o curso. Isso significa que não podemos, como educadores, deixar de estar atentos a questões como as CTPI. Esses termos podem nos remeter ao entendimento de que o trabalho com as CTPI deverá ter uma escuta clínica, o que pode sugerir uma confusão de papéis entre professor e psicoterapeuta, mas acreditamos que essa confusão deverá ser dirimida quando da tomada de consciência por parte do aluno das dimensões afetivas e conflituosas que podem estar ligadas às suas vivências de aprendizagem.

O supervisor, apesar de ter uma escuta clínica, atua como educador. Não se trata de psicoterapeutizar o aluno, expondo-o em um ambiente pedagógico, mas de propiciar a formação de sua identidade profissional por meio de uma psicoterapia didática como parte de sua formação. Essa é nossa proposta. Suas questões pessoais devem ser exteriorizadas, apontadas e concretizadas pelo profissional que trabalhará com as CTPI em um ambiente próprio e protegido. Evidenciadas essas questões, elas devem ser encaminhadas à psicoterapia pessoal do aluno, para que ele possa trabalhar mais propriamente tais conteúdos. Trata-se de um trabalho de prospecção de conteúdos inconscientes, do mundo interno do aluno, que, do estado de latência, passa para a realidade objetiva, perdendo sua magnitude pelo esmaecimento da energia psíquica nela contida.

Nesse espaço, onde se trabalharão as cenas temidas e os conflitos pessoais, o medo de exposição diante dos colegas, de não corresponder à expectativa do supervisor, o medo da crítica presente em seu íntimo, que geralmente não são levados em consideração no espaço pedagógico, poderão ser tratados pelo aluno como objeto de sua psicoterapia pessoal. O desenvolvimento de postura profissional, manejo de técnicas, o desenvolvimento perceptual, entre os outros aspectos já citados, poderão ser trabalhados visando ao seu desenvolvimento e aprimoramento profissional.

A respeito da postura exigida do psicólogo clínico, podemos enfatizar a apreensão e o cumprimento do código de ética que regulamenta o exercício da profissão, a apreensão de uma linha teórica a ser seguida e o manejo das respectivas técnicas. Outro fator que está sempre presente em qualquer atendimento psicoterápico, mesmo que seja em treinamento – já que o paciente à sua frente tem a expectativa de ser bem atendido –, é o clima terapêutico.

Segundo Dias (1987), a relação terapeuta-paciente possibilita o crescimento psicológico do paciente, principalmente quando ela é conduzida pelo terapeuta de maneira saudável e adequada. Essa relação, que vai sistematizar e orientar o processo de busca do paciente, promove o desbloqueio e a aceleração do desenvolvimento psicológico. Mas, para que isso aconteça, é necessário que se estabeleçam dois níveis fundamentais nessa relação: um clima terapêutico que favoreça o crescimento do indivíduo e a pesquisa orientada e sistematizada para a identificação, vivência e integração das experiências de psiquismo caótico indiferenciado. Sobre isso, Dias (1987, p. 49) afirma que

> o clima terapêutico é um clima em que existe aceitação, proteção e continência, e vai atuar como uma rede de sustentação para que seja feita a pesquisa das zonas de psiquismo caótico e indiferenciado. Essa rede de sustentação é imprescindível para tal pesquisa, pois a vivência desse psiquismo ocasiona sempre um pânico, que precede a sensação de estranheza e a perda de identidade, característica da zona de psiquismo caótico e indiferenciado.

O "clima terapêutico" somente é estabelecido quando o aluno já possui certo grau de equilíbrio emocional, que é composto por aceitação, proteção e continência, o que, na maioria das vezes, o estudante, ou até mesmo o psicólogo formado, tem dificuldade em produzir.

A aceitação é uma difícil tarefa, pois é muito fácil aceitar um cliente nas suas qualidades, mas é muito difícil aceitá-lo em seus aspectos destrutivos ou mórbidos, em sua mesquinharia, sua inveja, seu ciúmes, seu ritmo de vida egocêntrico, seu egoísmo, seus desmedidos interesses próprios em detrimento de outros, sua desonestidade, entre outras coisas. A tendência do terapeuta menos avisado nessas situações é ficar chocado ou até mesmo não conseguir aceitar no outro essa vivência, rompendo nesse momento o estabelecimento do clima terapêutico. Essa aceitação só se torna possível na medida em que o terapeuta aceita profundamente essas mesmas situações em si mesmo, nos que o cercam e fazem parte de sua vida mais íntima e, finalmente, no ser humano.

A proteção refere-se à exclusão do julgamento moral na relação terapeuta-paciente, principalmente sobre suas partes culturalmente tidas como negativas. Nesse sentido, destacamos que o cliente já foi vítima do julgamento moral, social e cultural ao longo de sua história de vida, e isso não é cabível na relação terapêutica, que deve ser modelada visando à reestruturação do paciente. Sobre continência, Dias (1987, p. 51) a define como

> [...] a capacidade de conter dentro de sua estrutura psicológica, em determinados momentos da terapia, a estrutura psicológica do seu cliente. [...] São momentos de pânico para o cliente, e seu único referencial confiável nesse momento é o psicoterapeuta, que consegue, a custo de sua própria estrutura psicológica organizada e de uma identidade mais firmemente estabelecida, conter (aguentar) esse pânico e ajudá-lo a encontrar uma saída, que nada mais é do que superar a vivência do caótico e indiferenciado ao mesmo tempo que orienta a sua organização.

Se o psicoterapeuta iniciante não estiver mais "adiantado" em seu desenvolvimento psicológico que seu paciente, ele romperá ou não conseguirá estabelecer uma relação adequada, e, como vimos até aqui, as condições da formação em psicologia não favorecem o desenvolvimento de tais aptidões. Acometido pelas influências já citadas, os obstáculos pessoais e externos o farão sucumbir, remetendo-o a um decréscimo de seu potencial no desempenho de suas funções.

A principal consequência a que ele estará sujeito é a impossibilidade de estabelecer vinculação adequada, pois a "distância afetiva" na relação terapeuta-paciente estará prejudicada. Essa relação pressupõe uma configuração saudável e que possibilite não só a evolução do desenvolvimento psicológico do cliente, mas também do próprio terapeuta.

Para que ela se efetive, é necessário que o profissional esteja, em termos afetivos, próximo de seu paciente, pois, desse modo, conseguirá identificar as emoções, os sentimentos e os desejos dele a ponto de saber como ele está se sentindo e, ao mesmo tempo, distanciar-se desses aspectos sem se misturar com eles. É como se um olho do psicoterapeuta enxergasse o estado interno (psíquico) de seu paciente e o outro o enxergasse globalmente, não se misturando com ele. Assim, o profissional poderá colocar-se no lugar do paciente sem que seus problemas pessoais sejam mobilizados pelas angústias daquele que está sendo tratado.

Com os obstáculos da formação, os estudantes nem sempre conseguem colocar a proximidade e a simultânea distância necessárias a uma boa vinculação, acarretando um envolvimento extremo entre psicoterapeuta e paciente, o que ocasiona uma mistura de sentimentos, ideias e percepções. Com isso, os estudantes acabam perdendo a direção do processo terapêutico e a vinculação que deveria ser profissional-cliente e assumem outros rumos que são inadequados, reproduzindo a confusão de papéis.

Por outro lado, se a condição de uma boa vinculação não for estabelecida, o paciente pode se sentir incompreendido e abandonar o processo. Em ambos os casos, haverá a quebra ou o não estabelecimento do "clima terapêutico".

A vinculação não é a única condição para o sucesso da psicoterapia, porém, sem ela, as outras condições não são alcançadas. Condições como a escuta, as interpretações, as pontuações e os assinalamentos não podem ser operacionalizados sem o vínculo na relação psicoterapeuta-paciente.

Usando a linguagem psicodramática sem ser tratado por meio de psicoterapia em tempo hábil, sem um papel profissional desenvolvido e sem uma boa aquisição teórica, o psicoterapeuta tem distorcido o que Moreno definiu como tele.[2] Entre as consequências disso estão o alto grau de desistência da profissão e uma classe profissional percebida com desconfiança pela comunidade em virtude da frustração e da baixa qualidade de atendimento de seus profissionais.

O último aspecto que está além da aprendizagem teórica oferecida pelos cursos de psicologia é o desenvolvimento do papel profissional do aluno por meio da internalização do modelo vivencial, como vimos na seção sobre matriz de identidade.

---

2 A definição do conceito de tele é apresentada no capítulo "A teoria".

Definimos "introjeção do modelo vivencial" como a subjetivação do papel profissional, o que inclui a teoria e suas técnicas, e a produção do clima terapêutico, incorporando-os em sua identidade de modo que elas passem a ser parte integrante do indivíduo ao longo de suas vivências.

Isso não acontece na maioria dos cursos porque depende de um espaço para a assunção precoce do papel profissional, anterior aos estágios supervisionados. Esse desenvolvimento de papel às vezes ocorre no início do estágio supervisionado, limitando-se a algumas horas, e, muitas vezes, não é aplicado em todos os alunos. Geralmente, alguns são escolhidos e o restante do grupo ocupa posição de observação, o que transforma o treinamento em uma espécie de substrato teórico pela ausência vivencial. Ou melhor: os afetos e a vivência dos estudantes existe, pois permeiam todos os sujeitos em situação grupal, porém são relegados a um segundo plano que, tradicionalmente, não faz parte do ambiente de aprendizagem.

Insisto na questão vivencial por sua extraordinária importância na aquisição do modelo profissional. É por meio da vivência que a abordagem teórica escolhida pelo aluno pode ser introjetada, que o âmbito da integralidade humana é vivido pelo terapeuta em formação. Desse modo, quando em situação de atendimento, o psicoterapeuta iniciante não precisará lançar mão de sua memória para ter presente os aspectos teóricos, pois eles estarão incorporados em sua personalidade pelo vivido.

Esses conteúdos farão parte dele, de sua identidade profissional, quando do início dos atendimentos. Farão parte de sua estrutura psíquica, de sua ideologia pessoal e, consequentemente, de seu modo de vida. Tal aquisição possibilita ao terapeuta iniciante a potencialização de seu papel profissional para que, quando estiver em situação real de atendimento, ele possa estar mais centrado na função que lhe será atribuída. Dentro dessa visão, tomo por base a teoria de papéis da abordagem psicodramática: desde que nascemos recebemos papéis que nos são apresentados ao longo da vida, e estes são delineados por meio da sua adoção. Vemos, então, que existe a necessidade de o estudante desenvolver seu papel profissional por meio de um processo vivencial, e não somente teórico. Quando o aluno apreende a teoria sem vivenciar o que está estudando, ele a enxerga como algo separado de si, a certa distância e, de certa forma, faz do conteúdo algo que não é seu, não incorporado ao seu "eu", à sua identidade. Quando chegar o momento de utilizar a postura, a visão do paciente, a condução da relação terapeuta-paciente, o clima terapêutico e a aplicação da abordagem teórica, o terapeuta terá dificuldade, pois terá o sentimento de que não domina tais elementos e sofrerá a influência dos outros complicadores: os fatores predisponentes.

4
Análise das cenas temidas do psicoterapeuta iniciante

Ao apresentarmos a análise das cenas temidas, abordaremos, em primeiro lugar, a descrição da formação do grupo e dos aspectos gerais da reunião de pesquisa. Em seguida, analisaremos a primeira parte do *role-playing*, na qual ocorreram os depoimentos. A partir disso, serão tomados e analisados segmentos dos depoimentos dos sujeitos que ilustram alguns dos fatores externos das CTPI. Depois, serão apresentados e analisados, na íntegra, os atendimentos simulados dos sujeitos, de acordo com a ordem de participação na parte dramática do método de investigação que correspondem à ilustração de alguns dos fatores predisponentes e a emergência das CTPI.

OS DEPOIMENTOS

Nos relatos dos estudantes, percebe-se uma grande "quebra" entre o ambiente da graduação e o dos estágios na clínica-escola. Eles apontam, de maneira geral, uma grande desarticulação teórica entre a clínica e a graduação, superficialidade dos conteúdos programáticos, dificuldade de entendimento sobre a aplicação prática de algumas disciplinas, privilégios em termos de profundidade no estudo de algumas disciplinas em detrimento de outras. A seguir, você terá a oportunidade de ver a transcrição[3] de algumas das respostas dos estudantes às perguntas do pesquisador.

PESQUISADOR: Que considerações vocês fazem sobre a formação que tiveram nos quatro anos que antecederam esta etapa de estágios?

MARA: Me senti superimpotente, embora tenha sido uma boa aluna [...] você chega na clínica, tudo que você aprendeu eles dizem: "esquece tudo", "joga tudo que você aprendeu no lixo", "agora nós vamos estudar fenomenologia". Aí você fica: meu Deus, cadê o meu pé?

MEIRE: [...] a gente tem todo um embasamento, muita coisa cognitiva, comportamental e psicanalítica. Aí, quando a gente chega aqui, você tem que ter um olhar e uma postura fenomenológica. Como você lida com isso? [...] na formação, cheguei à conclusão que não serviu, assim, pra nada. Quando você chega aqui, você tem a noção de que você não sabe absolutamente nada! Então você perde um ano e meio de estatística, vários testes, vários, vários, vários, que você não usa. Por quê?

MILA: [...] eu não descarto todos os quatro anos como se não tivesse aprendido nada. Foi super-rápido, realmente, matérias que são importantes, assim, de conteúdo básico [...] você não vai sair daqui e já ser um profissional. [...] O que mais senti foi o rompimento do grupo, isso eu senti mesmo, porque assim, quatro anos todo mundo junto, conversando, faz e acontece e, de repente, cada um vai para um lado, cada um vai buscar uma coisa...

MONA: [...] pra mim foi assim, os quatro anos e, na hora que você vai para a prática mesmo, aí você, eu fiquei assim perdida, eu falei: o que eu aprendi nesses quatro anos, né? Na verdade fiquei procurando, é, atribuí um pouco da culpa a mim mesmo, eu ficava pensando, será que eu li o suficiente, agora nesse estágio

---

3 A transcrição dos diálogos representa fielmente a fala dos estudantes, inclusive os vícios de linguagem.

de portadores de deficiência, eu já vim para a biblioteca e me virei, procurando alguma coisa, né, para eu me situar melhor naquela situação.
MURILO: Eu concordo com tudo que todo mundo já falou. Que a faculdade tá meio fragmentada, do primeiro ao quarto ano é teórico e, no quinto, você é colocado na clínica, às vezes você não utiliza teoria, a teoria acaba e de repente você está diante de problemas, com um cliente. E aí? Não sei se existe uma teoria que te alicerce, que te sustente para isso. [...] a faculdade não prepara você para ser um psicólogo... a questão dessas matérias, dos testes, de metodologia, de Freud, eles dão uma pincelada na faculdade, né?"

Por meio dos relatos das questões teóricas, ressaltemos alguns sentimentos consteladas pelo grupo. Por um lado, a insatisfação, a perplexidade diante dos problemas estruturais da formação, a confusão e a dúvida permeando o ambiente do estágio; por outro, o conformismo com a situação e a conclusão de que o curso não forma devidamente o aluno. Todos os depoimentos foram permeados pela ansiedade e pela apreensão diante dos primeiros atendimentos. Ficou refletida, nesses depoimentos, a influência de alguns supervisores que fazem prevalecer a forma de trabalho que eles julgam mais adequada para seus alunos. Não saberíamos apontar se tal viés parte do próprio professor, se ele está reproduzindo inconscientemente o modelo ideológico imposto ou se é apenas desarticulação curricular do curso. Mas, de qualquer maneira, a força de sua imposição parece desconhecer o universo de onde o aluno é egresso e de que contexto teórico ele partiu para chegar ao estágio. Os depoimentos também deixaram evidente que a postura profissional e o clima terapêutico são de difícil estabelecimento, pois os alunos parecem, por um lado, perdidos em suas atividades de estágio e, por outro, conformados com tal situação.

Fica patente nesses depoimentos que a estrutura do curso necessita ser atualizada, dando menos ênfase às disciplinas epistemologicamente positivistas em prol de disciplinas que têm outros tipos de abordagem. Segundo os estudantes, eles aprenderam, entre outras coisas, testes psicológicos, teoria comportamental e estatística, e, na clínica-escola, exigia-se que eles tivessem uma visão fenomenológica. Quanto à programação informativa, o grupo foi unânime nesse aspecto ao considerar a superficialidade e a rapidez com que são introduzidas as disciplinas importantes para a aquisição do papel profissional: "[...] a teoria acaba e você está diante de problemas, com um cliente. E aí?". Essa é a imagem da desarticulação teórico-prática, do privilegiamento do racional e da ausência de vivência profissional. Nessa situação, fica evidente a ausência de recursos no repertório do aluno para que ele desempenhe seu papel profissional. A teoria deveria ser incorporada vivencialmente por ele, sem precisar usar o recurso da memória que, em situações de tensão, costuma falhar. A experiência vem com o decorrer do tempo, porém, a função do estágio é dar ao aprendiz a base da articulação teórico-prática, mas parece que o estágio não dá conta disso, o que pode ser percebido pela insegurança refletida pelos relatos. Outro aspecto proposto para a discussão foi a questão do aprendizado sobre as psicopatologias:

PESQUISADOR: Como foi aprender psicopatologia? O que vocês aprenderam de psicopatologia? Como foi passar por essa experiência?"

Os estudantes pareceram não ter compreendido essas questões e passaram a discorrer sobre cursos de extensão universitária que faziam e que estavam em andamento.

MARA: Nós estamos fazendo curso extra de psicopatologia, né?
MEIRE: Com a mesma pessoa que eu.
MARA: Você também está fazendo com "fulana"?
MEIRE: Também.

O pesquisador tenta interferir, explicando que a questão dizia respeito ao curso de graduação, mas foi interceptado por um dos sujeitos:

PESQUISADOR: Sim, mas e na época do terceiro ano? Quando vocês ouviam falar dos quadros neuróticos, quando falavam de histeria...

MARA: Ah, não sei, acho uma coisa tão fora da nossa realidade. Pra mim, você tá falando de uma coisa tão estranha, sei lá, é difícil você ver uma pessoa histérica, hoje em dia...
MONA: Acho que é o que mais tem... (rindo)
MARA: É, mas eu falo da histeria que se fala em Freud.

Nesse ponto, o pesquisador interveio para que a ansiedade em torno do assunto fosse diluída. O clima de tensão começava a tomar conta do grupo após a justificativa dada por Mara. O foco do grupo começava a se deslocar, podendo tomar um caminho que fugiria do *setting* de pesquisa e do objetivo da reunião. Com a intervenção, pretendeu-se diluir a ansiedade por meio da verbalização de outros elementos do grupo e de exercícios lógicos. Com isso, exercitava-se o racional em detrimento do emocional, além de fortalecer a defesa intrapsíquica de Mara, isto é, colocar distante de si questões que a ameaçassem. Entretanto, podemos observar que as questões pessoais e os conflitos internos emergem e acabam tornando-se evidentes.

PESQUISADOR: Sim, a histeria conversiva com certeza é mais difícil de encontrar; mas, assim, eu quero falar de modo geral, a histeria, a fobia, a psicopatia, a depressão, o obsessivo-compulsivo...

Pela primeira resposta, pode-se confirmar o êxito da intervenção:

MEIRE: Esse, sim, (rindo) a gente se sentia sempre igual.

A fala: "esse, sim", de Meire, demonstra que o caminho apontado pelo pesquisador era menos ansiógeno. E a fala de Murilo e dos demais, em seguida, reafirma a hipótese.

> **MURILO:** Se identificando... sou eu!
> **MARA:** Neurótico?! Essa sou eu!
> **MONA:** Um pouquinho de todos...
> **MARA:** A única diferença entre eles e nós é que nós não estamos presos, estamos soltos.
> **MILA:** [...] que eles estavam presos e a gente tava solto... (muitos risos de todo o grupo, falando simultaneamente)

Neste ponto, Mara parece falar pelo grupo e faz a associação da psicopatologia das neuroses com o estágio no hospital psiquiátrico, onde se estuda as psicopatologias nos quadros psicóticos. Pareceu-nos que o "fio condutor" dessa associação foi a "doença" que o grupo sente por meio das identificações com os quadros de psicopatologia de maneira geral. Por um lado, as considerações dos alunos sobre a aprendizagem das psicopatologias mostra-nos que eles possuem conflitos pessoais que podem ser objeto de psicoterapia. Ainda sobre isso, o pesquisador perguntou:

> **PESQUISADOR:** Vocês comentaram com alguns professores sobre essa identificação?

A reação a essa pergunta foi bastante interessante, pois ficou evidente a distância entre professor e aluno, o que pressupõe que eles não vivenciaram a visão de um professor como psicoterapeuta. Isso nos faz pensar na relação professor-aluno como um relacionamento distante e que incluía a expectativa de serem julgados pelos professores. Tais professores parecem ter se tornado juízes. Vejamos os depoimentos:

> **GRUPO:** Não!!!

MILA: Você está louco? (falando para o pesquisador, simultaneamente aos riscos do grupo)
MURILO: Vai comentar, vai pensar que somos pacientes! (muitos risos que pareciam nervosos)
MURILO: Um professor achou que um aluno era paciente! Foi muito engraçado. (todos continuaram a rir) Ele dizia : "Vai pra lá!". E ele era aluno.
PESQUISADOR: Não era psicótico, era aluno?
MURILO: Pode ser até psicótico, mas é aluno! (todos continuaram rindo muito)

O indivíduo que deveria desempenhar o papel de professor, segundo o relato do grupo, parecia estar, nesse episódio, também investido de outro papel: o de psiquiatra ou psicoterapeuta. Isso parecia causar nele e nos alunos uma confusão de papéis entre aluno e paciente, como também entre professor e psiquiatra. Parece que tanto o grupo quanto o professor não conseguiram perceber essas diferenças, o que demonstra, de certo modo, uma confusão de identidades.

Fica ainda mais nítida a oposição de saúde-doença que estava em evidência naquele momento para o grupo. Por meio de um comportamento lúdico, eles conseguiram lidar com o material evocado acerca das identificações com a psicopatologia. A intervenção do pesquisador foi feita para evidenciar as defesas intrapsíquicas presentes no grupo, cujo porta-voz era Murilo, por meio de sua narrativa. Existia, então, tanto na situação grupal como na lembrança evocada em Murilo, a emergência do material inconsciente. O professor em questão não era somente visto como juiz, mas como um "psicoterapeuta perseguidor", e o "aluno-psicótico" em questão assumia simbolicamente a posição de todos os que estavam presentes no episódio. Mara e Mona confirmam essa hipótese, e a segunda faz um discurso ético enunciativo das questões pessoais:

MARA: Tem hora que a gente se identifica com todos e a gente não sabe qual dos quadros a gente está.

MONA: Essa psicopatologia foi uma das matérias em que eu ia para casa muito preocupada, né? Eu ficava pensando que todo mundo deveria entender um pouco disso, psicopatologia, porque na questão do trabalho, formar uma pessoa doente mental, na relação familiar, na questão que as pessoas estão pouco se lixando um para o outro, né?

Murilo manifestou-se, dizendo que, com o tempo, foi se acostumando a identificar-se com esses quadros. Essa afirmação pode suscitar, por um lado, que esses núcleos já podem ter sido trabalhados em psicoterapia e, por outro, que houve uma acomodação psicológica obtida por intermédio de defesas intrapsíquicas, mas que não são perenes.

O *ROLE-PLAYING*

Passando para a parte dramática, o pesquisador perguntou quais tipos de pacientes cada elemento do grupo temia ou tinha dificuldade de atender, de acordo com o material relatado até aquele momento. Mara achava difíceis atendimentos que a faziam sentir-se impotente e não entendida; Meire sentia dificuldades em atender pacientes invasivos; Mila achava difícil atender pacientes calados; Mona achava difícil, a exemplo de Mara, atender pacientes que não entendessem o que ela diz. Murilo não tinha dificuldades muito evidentes, mas sentia inibição em se expor diante dos colegas e alguma dificuldade com pacientes calados. Com a proposição do trabalho dramático, fez-se silêncio e, em seguida, o grupo começou a rir, o que denotava certa ansiedade. Passaram, então, à criação de um paciente imaginário para os atendimentos.

O grupo, durante a criação, exagerava em alguns traços do paciente, tornando-o uma caricatura inviável para o atendimento. Podemos pensar que essa caricatura era o reflexo de uma cena temida coletiva, grupal. Houve a necessidade da intervenção do pesquisador, avisando-os que não se esquecessem de que o paciente criado seria atendido por eles. Após esse lembrete, o grupo se conteve em seus exageros caricaturais e, após algumas discussões, chegaram a um perfil de paciente plausível para atendimento. Cada elemento do grupo, sob a coordenação do pesquisador, citava características desse paciente que eram ou não aceitas pelo restante do grupo. Convém observarmos que, segundo nossa definição, as CTPI são constituídas de um medo que paralisa, o qual surge diante de pacientes ou dinâmicas psicológicas aversivas ao psicoterapeuta iniciante. Em nosso estudo de caso, as cenas temidas eram constituídas em situação de atendimento a um paciente temido. Podem existir também cenas temidas sem a presença desse paciente temido, porém, supomos que a existência dele é o suficiente para existir uma CTPI.

O paciente criado tinha o seguinte perfil: jovem, 18 anos, de classe média, que não trabalhava, não gostava de estudar e que morava com os pais. Seu nome era Alexandre, e a queixa da mãe era de que ele roubava para comprar drogas. O paciente não queria ir à psicoterapia, mas havia chegado até lá porque a mãe o trouxera à porta da clínica-escola. Aquela era a primeira sessão. Durante a construção do personagem (C), o grupo foi questionado sobre se o paciente construído evocava alguma dificuldade de atendimento. Meire manifestou certa ansiedade e expectativa com relação ao atendimento. Diante de sua iniciativa, o pesquisador convidou-a para ser a psicoterapeuta nesse *role-playing*; o grupo concordou e ela, de maneira relutante, aceitou.

A partir daquele momento, foi pedido a Meire que indicasse um dos elementos para representar o papel de paciente, e ela escolheu Murilo. Nesse momento, o pesquisador passou ao aquecimento específico de Meire (T) e Murilo para o *role-playing*, onde (T) seria a protagonista. Em seguida, por meio de uma conversa informal, o pesquisador, sem que Meire ouvisse, deu a consigna a Murilo – que representaria o cliente (C) – de que ele deveria representar um paciente sedutor. A razão dessa consigna justificava-se pela dificuldade de Meire com pacientes invasivos, informação esta que foi colhida pelo diretor ao observar uma citação de Meire durante a reunião na qual ela se referia aos sedutores como aqueles que mais temia entre os pacientes invasivos. O modo como foi dada a consigna tinha o objetivo de manter o "campo tenso", dando manutenção ao aquecimento da dramatização para Meire e para o grupo. Alguns psicodramatistas preferem o uso de consignas abertas ou explícitas para que o cochicho não se torne "cena temida".

Em seguida, pediu-se ao grupo que prestasse atenção ao desempenho de Murilo no papel de paciente para que, numa eventual troca de papéis, eles pudessem desempenhá-lo adequadamente. O grupo e a protagonista demonstram certa ansiedade diante da iminência da cena; aparece certa agitação e o clima emocional fica bastante tenso. Além disso, Meire estava com rubor facial.

O paciente está na sala de espera imaginária e o pesquisador pede a Meire que inicie a cena indo buscar o paciente.

T: Oi, Alexandre, vamos entrar?
C: Oi.

Entram na "sala de atendimento" composta por duas cadeiras e sentam-se frente a frente.

C: E aí? Onde eu fico?
T: Onde você quiser.
C: E aí?
T: E aí?
C: E aí que eu tô aqui, né, cara?
T: Você sabe por que você está aqui?
C: Não, não sei não, me mandaram pra cá, minha mãe mandou.

Nesse momento, Meire ruboriza mais intensamente e apresenta hesitação. O pesquisador congela a cena e pede que ela "pense alto" (solilóquio):

T PENSA ALTO: Eu preciso saber o quê que ele está vindo fazer aqui. Se falaram pra ele o que ele está fazendo aqui... achei que eu já podia ter tido um primeiro contato com a mãe dele, porque afinal foi a mãe dele quem trouxe, provavelmente ele se viu obrigado, a mãe que marcou a primeira entrevista, por isso que eu acho que ela já deve ter falado alguma coisa pra mim pelo telefone...
PESQUISADOR: Ótimo, mas como é que você está se sentindo?
T: Estou querendo arrancar alguma coisa dele. (rindo ansiosamente)
PESQUISADOR: Continue...

Essa intervenção do pesquisador teve como objetivo tornar evidente para T a emoção que ela estava sentindo. Ela tentou diluir essa emoção por meio de um discurso sobre seu objetivo, distanciando-se do que estava sentindo. Com a técnica do solilóquio, ela pôde tomar consciência de sua emoção. Ao retomar a cena, demora alguns segundos, perguntando a Murilo "onde estavam", porém, ele não sai do papel de paciente. Isso demonstra de certa forma a dificuldade de Meire em tomar o papel de terapeuta, o que implica alguma dificuldade em ser espontânea e criativa.

T: Onde a gente tava, você tava me contando se você sabe se...
C: Não contei nada, não contei nada... então, tô aqui, minha mãe me mandou... tô aqui, vim pra cá...
T: Por que sua mãe te mandou?
C: Não sei, ela é meia doida, ela é meio maluca, sei lá, cismou aí... eu não vou para escola, quer dizer, até vou... vou fazer uns lance aí... sequentes, acho que é por isso. Minha mãe é uma xarope, doida das ideias, pirou...

t: O que ela faz?
c: Não faz porra nenhuma, só pressão, tá até traindo meu pai. É uma vagabunda, fica o dia inteiro em casa, sem fazer nada, meu pai trabalha. É uma doida, ela que devia tá aqui. Não sei o que estou fazendo aqui.

Nesse ponto, Meire parece não saber sair da situação, hesita novamente. O pesquisador dá a consigna a Murilo, na qual ele deve tentar seduzi-la, elogiar seu corpo. Por meio da interpolação de resistência, pretendia-se mudar o rumo da cena com o aumento do fluxo das emoções em Meire, já que ela havia dito que sente dificuldade em atender pacientes invasivos. A consigna foi passada a Murilo sem que ela ouvisse.

c: Você sabia que você parece uma mina que eu saí lá na escola, você sabia? O olhar assim, o olho verde claro, bonito! É bem o tipo dela...

Essa observação de Murilo fez que Meire ficasse ruborizada e ainda mais hesitante. A cena é congelada e é pedido um solilóquio à psicoterapeuta.

PESQUISADOR: Pensa alto...
t: O que é que eu faço agora? (o grupo todo ri, parecem ansiosos)

O solilóquio foi solicitado a Meire para que ela se apropriasse mais de sua emoção. Como a emoção na psicoterapeuta pareceu ter sido um pouco diluída com os risos do grupo, o pesquisador autoriza a continuação da cena. A situação era bastante ansiógena, e o indício é que Murilo não conseguiu retomar a cena de onda ela parou, mas, em seguida, consegue fazê-lo.

c: Então, não sei o que tô fazendo aqui...

т: Então por que é que você veio?
c: Não sei... bonito seu decote. Minha mãe quer que eu arrume uma namoradinha certinha. Você tem uma cara de certinha. Você sempre usa esses decotes assim em V? Legal, hein? Você tem um peitinho bonitinho!
т: Acho que... você ... não está... entendendo muito bem... o que você veio fazer aqui, né?
c: Entendendo? Não, minha mãe é louca, já te falei! Eu tô fazendo o quê aqui! Eu que estou perdendo meu tempo aqui, podia estar fazendo outras coisas!

Parece ter sido criado um impasse entre o paciente e a psicoterapeuta diante do limite que esta deu, de certo modo, a Murilo. Foi então oferecida uma nova consigna a Murilo, para que ele tentasse tocar a mão da psicoterapeuta, encarando-a com paixão, ao que ele atendeu prontamente durante a conversa. Essa interpolação de resistência tinha o objetivo de suplantar o limite dado por Meire. A consigna foi dada sem que ela ouvisse.

c: Você pode me explicar o que eu tô fazendo aqui?

Enquanto ela respondia à pergunta, Murilo foi se aproximando dela, chegando a pegar em sua mão.

т: Olha, Alexandre, eu posso te explicar... (o paciente vai se aproximando e olhando para as pernas da terapeuta) eu posso te explicar... que... ham... Sua mãe conversou comigo... e... (ele pega na mão da psicoterapeuta e o grupo todo cai na risada).

Meire sai do papel de psicoterapeuta e fica rindo juntamente com o grupo, encontra-se muito ruborizada. Parece ter ficado paralisada diante da ação do paciente fictício. Temos, então, a concretização da cena temida.

A CENA TEMIDA DE MEIRE

Naquele momento, o pesquisador pede que se congele a cena, desmontando-a em seguida. Ele pede que Meire esqueça Alexandre e fale um pouco sobre o que está sentindo. Ela não consegue falar, está visivelmente emocionada. O pesquisador pede que ela feche os olhos. (Silêncio)

> **MEIRE:** Estou me sentindo incomodada, invadida, ah... sem saber o que fazer...

O pesquisador pergunta a ela em que parte de seu corpo sente aqueles incômodos, mas ela parece não entender, preferindo analisar a situação e dizer que não existe incômodo e que estava achando a atitude de Alexandre inadequada para a situação. A cada tentativa do pesquisador de focalizar corporalmente sua emoção, Meire tentava polarizar, fomentando discussão. Ficava evidente a emergência de defesas intrapsíquicas para que ela se protegesse com relação ao tema. Depois de algumas tentativas, Meire afirma que a parte do seu corpo que a estava incomodando eram as mãos, que estavam geladas. Com isso, ela foi se desaquecendo juntamente com o grupo. Era preciso retomar o aquecimento de Meire, para que o *role-playing* prosseguisse.

Nesse sentido, o pesquisador observou um forte suspiro de Murilo ao desmontar a cena, suspiro esse que podia estar indicando outras emoções evocadas pela cena. Questionado sobre isso, Murilo respondeu que se sentia aliviado, porque o foco tinha saído dele, e que se sentia incomodado por ter forçado a situação com Meire. O pesquisador questionou se era Murilo ou Alexandre que estava incomodado. Naquele momento, o grupo parece ter ficado ansioso com ele. Murilo respondeu que era Alexandre quem se sentia incomodado. O pesquisador assinalou que não parecia ser Alexandre o incomodado, e sim ele, Murilo, pois o personagem parecia não ter escrúpulos. Murilo respondeu meio sem graça: "então sou eu!"; e, naquele momento, o grupo reagiu àquela afirmação. Eles pareciam estar se reaquecendo, e o pesquisador voltou-se para Meire e perguntou sobre suas mãos, ao que ela respondeu bastante espantada:

MEIRE: Estão tremendo!!!
PESQUISADOR: Ah! Estão tremendo? Deixa eu ver?

Assim, o pesquisador pôde, além de constatar se as mãos dela continuavam geladas – o que indicaria o reaquecimento dela para a consecução da cena –, também dar a ela sensação de segurança e continência corporal pelo toque em sua mão. Em seguida perguntou:

PESQUISADOR: Qual o momento que mais te incomodou?
MEIRE: Foi quando ele começou olhar para minhas pernas...

De acordo com a informação de Meire, o pesquisador pede a ela que remonte a cena em sua imaginação e retome o referido momento. Pede também que repita a cena e que ela se desenrole em câmara lenta. Com a presentificação do momento mais difícil para Meire, emergiu novamente a paralisia, e, quando questionada sobre o que sentia, ela respondeu:

MEIRE: Que é que eu faço agora?... Meu Deus...
PESQUISADOR: Como estão suas mãos?
MEIRE: Continuam frias e suando...
PESQUISADOR: E sua respiração?
MEIRE: Acho que se alterou.
PESQUISADOR: Você sente essa alteração aonde no seu corpo?
MEIRE: No peito... não é um aperto, é uma espécie de ansiedade... forte.
PESQUISADOR: Eu quero que você feche os olhos um pouquinho... e se concentre na sensação das suas mãos geladas... e nessa ansiedade... focaliza isso e esquece o paciente, ele não

sabe o que você está sentindo. Suas colegas não sabem o que está acontecendo... se concentra nas mãos e na ansiedade. Deu para localizar isso?

PESQUISADOR: Deu...

Naquele momento, ela consegue identificar plenamente em seu corpo a sensação das mãos geladas e a ansiedade em seu peito. Ao ter conseguido isso, o pesquisador propõe que ela maximize a sensação.

PESQUISADOR: Agora eu quero que você aumente isso de intensidade até você quase não aguentar mais.

O pesquisador vai percebendo a respiração de Meire e pede que ela vá intensificando cada vez mais a emoção até que sua respiração se altere e permaneça totalmente alterada, para que ocorra o *insight* dramático por meio da identificação de outras cenas em sua vida que aquela sensação evoca (metabolismo dos significados).

PESQUISADOR: Veja dentro de você agora... que situação na sua vida que você passou e que você sentiu a mesma coisa? Veio?
MEIRE: Veio...

Nesse momento, o pesquisador procura dar manutenção ao aquecimento por meio de perguntas que ajudem a paciente a identificar a situação, o local e o momento de sua vida em que a vivenciou, tornando-a presente no "aqui agora", no contexto dramático da cena. Inicia-se, assim, o psicodrama interno, para que a cena possa ser identificada somente por ela.

PESQUISADOR: Que idade você tem?
MEIRE: Aqui? 14 anos.
PESQUISADOR: Você está onde?

MEIRE: Estou num clube em Atibaia.
PESQUISADOR: Quem está com você?
MEIRE: Um grupo de pessoas da mesma idade que eu.
PESQUISADOR: Você consegue ver direitinho a situação?
MEIRE: Mais ou menos, não consigo ver a situação, consigo sentir a sensação.
PESQUISADOR: Preste atenção nessa sensação. Aumente sua intensidade. Você lembra de alguma situação?
MEIRE: Eu lembro da sensação que eu senti com essas pessoas, mas não uma situação específica.
PESQUISADOR: Tente lembrar das situações com essas pessoas em que você sentiu isso.... (a respiração se altera) Escolha uma... escolheu?
MEIRE: Hum-hum.
PESQUISADOR: Eu quero que você olhe essa situação, eu quero que você guarde essa situação e o enredo dessa situação dentro do seu coração, num lugar onde só você vai ter acesso. Depois, eu quero que você retorne aqui para a reunião de pesquisa no dia 9 de maio de 1998 e, depois, você leve a cena dessa situação, dessa sensação para sua terapia. Abra os olhos. Como você está?
MEIRE: Agora eu já ia saber como eu ia agir com ele (se referindo a Alexandre).
PESQUISADOR: Agora?
MEIRE: Agora, quando você terminou de falar, me veio na cabeça...
PESQUISADOR: Você já tinha imaginado que o medo desse tipo de paciente estava ligado a isso?
MEIRE: Não, consciência plena disso, não.

Como pudemos observar, Meire foi preservada de uma exposição desnecessária diante de seus colegas por meio da aplicação do psicodrama interno. No final da cena, o pesquisador preocupou-se em tirá-la do "mundo imaginário" da cena e trazê-la para a realidade objetiva, indicando também o destino dos conteúdos aflorados durante o *role-playing*. Ficou evidente também a emergência da cena temida e sua ligação com os conflitos pessoais dela. Pôde-se verificar a cristalização da espontaneidade-criatividade nos momentos em que ela ficou paralisada, como psicoterapeuta, diante do paciente imaginário. Constatou-se também que o papel profissional não estava estabelecido ainda, pois ela ainda estava impossibilitada de sustentar um clima terapêutico adequado e tinha dificuldade em colocar limites para o paciente quando ele se tornou mais invasivo. Passemos, agora, à participação dos outros elementos do grupo no *role-playing*.

A CENA TEMIDA DE MILA

Terminada a cena temida de Meire, o pesquisador convida outro elemento do grupo para atender Alexandre. Após alguma relutância, Mara aceita o convite. Apenas para relembrar, as dificuldades de atendimento manifestadas por ela eram aquelas que evocassem sentimentos de impotência diante do paciente. Após um diálogo, tomaram assento na "sala de atendimento". Após ser orientado pelo pesquisador por meio da consigna para que ficasse calado, pois isso poderia provocar impotência em Mara, Alexandre olha para a psicoterapeuta (agora Mara) com olhar provocativo e começa a batucar na cadeira. Após alguns segundos, ela já demonstra certa paralisia diante de Alexandre. O pesquisador pede a eles que congelem a cena e que ela faça um solilóquio.

T: O que eu vou perguntar para ele? (risos de todo o grupo)

Dessa forma, Mara pode ter ainda mais presente sua dificuldade e os sentimentos que a envolvem naquele momento. Então, prosseguiram a cena.

T: E aí, você sabe por que você veio... até nós?
C: (em silêncio)
T: Não sabe?

Após alguns segundos...

c: Tem que ficá aqui até que horas?
t: Ah, o tempo que você quiser.
c: (volta a batucar e permanece em silêncio)

Nesse momento, diante da hesitação expressa por ela, o pesquisador congela novamente a cena e pede um novo solilóquio à psicoterapeuta, procurando deixar evidente sua ansiedade.

t: Será que ele não tá me achando uma chata? (risos de todo o grupo... tensão) Eu quero fazer trezentas perguntas para ele, e ele já está abrindo a boca.

O pesquisador pede que continuem.

t: Você quer saber por que você está aqui?
c: Você é casada?
t: Sou.
c: (silêncio)
t: Você gostaria de saber por que você está aqui? Não interessa? (Mara saiu do papel)

O pesquisador observa que Mila está aflita na cadeira, apresentando certa agitação motora, e pede que ela troque de papel com Mara. Como a emoção é o sinal de entrada para qualquer dramatização, e como Mila parecia mais mobilizada que Mara, foi proposta a troca de papéis para aproveitar o aquecimento de Mila. Sua dificuldade era com pacientes calados. Após os risos de todo o grupo, como expressão de defesa intrapsíquica para lidar com a situação, Mila toma o papel de psicoterapeuta e retoma a cena a partir de sua interrupção.

t: (AGORA MILA): Você sabe o que está fazendo aqui?
c: (silêncio)
t: Parece que você está nervoso, né?
c: Parece?
t: É. (após alguns segundos de silêncio, emerge uma defesa intrapsíquica em Mila, que começa a rir nervosamente)
c: Você está tirando uma da minha cara?
t: Tirando uma da sua cara? Não, só estou notando que você está balançando a mão, batendo...

O pesquisador intervém e dá a consigna a Murilo para que ele fale que ela o está imitando, como forma de maximizar suas emoções. A psicoterapeuta também estava batucando na cadeira, assim como Alexandre.

c: Você está me copiando, por acaso?
t: Não, eu só queria saber que sensação...
c: Mas que porra, hein, meu? Ganha pra isso?
t: Você está nervoso?
c: Você vai me imitar?
t: Não só queria ouvir o som...

Nesse momento, o clima terapêutico da sessão foi totalmente quebrado; existia um clima de tensão em todo o grupo e de confronto entre Mila e o paciente, pelo fato de o sentimento dele ser perseguido por ela.

c: Se eu ficar assim, você imita? E eu vim pra essa porra? Que saco!!!
t: Você não está gostando?
c: Não.
(Silêncio)

T: Que olhar de desprezo!!! Você está desprezando quem? Vai ficar mudo muito tempo?!!!

Silêncio novamente, até que ambos saem do papel e o grupo todo, abruptamente, começa a gargalhar em uníssono, rompendo o "clima" que estava cada vez mais tenso. Nesse instante, o pesquisador pede um solilóquio de Mila.

T: Se ele vai ficar mudo muito tempo?
PESQUISADOR: Se ele ficar mudo muito tempo, o que pode acontecer?
T: Vou me sentir incomodada.
PESQUISADOR: Retome a cena.

Mila não consegue retomar o papel. Irritada e agressiva, manda que Alexandre diga alguma coisa. O pesquisador intervém, perguntando se quando Mila atende um paciente, ela fala daquela maneira. (Silêncio). Após longos segundos, fica evidente que o impasse foi estabelecido e que já não existe condição para retomar o clima terapêutico; além disso, os conflitos pessoais de Mila estão permeando o atendimento, que se mostra com conteúdos contratransferenciais. O pesquisador pede um novo solilóquio para evidenciar a ela essa situação, focalizando assim sua cena temida.

MILA: Estou incomodada na frente de uma pessoa que está muda. Porque ela fica muda e eu fico muda, então, eu tô perguntando uma coisa que não é do interesse dela responder.
PESQUISADOR: E se ele estiver percebendo que você está incomodada, como é isso?
MILA: É como se eu estivesse incomodando a pessoa. Eu sinto que a pessoa quer ficar calada, e eu tenho que falar alguma coisa.
PESQUISADOR: Em seu corpo, você sente algo quando você está incomodada? Alguma alteração ocorre no seu corpo?
MILA: Sinto, o coração bate forte e fica preso...

PESQUISADOR: Então, feche os olhos. Está apertado o coração?
MILA: Está (concretização e maximização dos sentimentos).
PESQUISADOR: Só o coração?
MILA: Tem também uma tensão, um peso nos ombros, na boca... ela fica presa.
PESQUISADOR: Aumenta a intensidade dessas coisas que você está sentindo, até quase você não aguentar mais.

O pesquisador foi conduzindo Mila durante a maximização de sentimentos, para que pudesse haver o *insight* dramático. Ela poderia se dar conta, por meio do metabolismo de significados, da cena familiar à qual estava ligada sua cena temida.

PESQUISADOR: Agora, veja, na sua vida, uma situação onde você sentiu isso, lá atrás. Veio?
MILA: Não.

Após algumas tentativas de maximização para a emergência da cena de sua vida familiar que estava ligada à cena temida, Mila somente conseguiu vislumbrar um clarão. Depois disso, ela foi se desaquecendo. Antes que o aquecimento se dissipasse, foi pedido a ela que voltasse à cena. Ao retomar a cena, o pesquisador fez um duplo de Murilo, evidenciando seus sentimentos, para retomar o aquecimento e as emoções evocadas por Alexandre em Mila.

PESQUISADOR COMO DUBLÊ DE C: Você não vê que está enchendo o saco? Você não vê que está perdendo seu tempo? Você vem com essas perguntas bobas, toda hora me provocando, o que você quer de mim? Você não está vendo que eu não tô a fim de tá aqui?

Ao terminar o duplo, Mila, como psicoterapeuta, começa a se justificar para Alexandre, bastante emocionada. Nesse ponto, o pesquisador volta a realizar o duplo do paciente, fazendo as mesmas perguntas que no duplo anterior, concretizando a situação e as emoções de Mila. Visivelmente emocionada, ela faz um solilóquio que foi pedido pelo pesquisador e começa a se justificar pelas colocações, dizendo que elas tinham recebido um sentido errôneo. Isso abriu a possibilidade para a intervenção do pesquisador.

PESQUISADOR: E que sentido tinha que dar?
MILA: Que ele tinha que valorizar o espaço que ele estava tendo?
PESQUISADOR: E o que você acha disso?
MILA: Eu acho que ele está errado, porque, já que a mãe dele está investindo nele, e ele se propôs a estar aqui...
PESQUISADOR: E o que você acha de você em tudo isso... diante de um cara que não quer saber de nada, que não está nem aí com você... que já te chamou de boba, falou que você está perdendo seu tempo...?
MILA: Ah!... a escolha é dele.
PESQUISADOR: Então, você não está nem aí.
MILA: Não é que eu não esteja nem aí...
PESQUISADOR: Mas é essa a ideia que você dá, falando assim.
MILA: Mas não é isso...
PESQUISADOR: Quem na sua vida se parece com ele?

Com essa pergunta, o pesquisador provoca o *insight* dramático na memória de Mila. Ela passa a se recordar de uma pessoa de quem ela gosta e que se porta da mesma maneira.

MILA: Tem uma pessoa da qual eu gosto, mas eu não sei se tem essas características do Alexandre...
PESQUISADOR: Mas quando fica quieto, não quer falar nada...
MILA: Mas ele não fica quieto...
PESQUISADOR: O que ele fala?
MILA: Que eu sou uma boba! (começa a rir) Mesmo assim, a escolha é dele.

PESQUISADOR: Mesmo assim você continua lá, sendo boba e chata... (ela sorri)

Desse modo, Mila conseguiu se conscientizar da ligação da cena temida com a cena de sua história de vida. Cabe notar as dificuldades dela em estabelecer o clima afetivo com o paciente, a contratransferência em relação a ele. Ela parecia sem saída diante dele. Fica evidente, portanto, a emergência de conflitos pessoais, que parecem envolver a crítica de seus interlocutores e a rejeição que estes exercem sobre ela, espelhados no atendimento do paciente, que ela denominava no início do *role-playing* "mudinho". O atendimento ao "mudinho" era sua cena temida, a qual, por sua vez, estava ligada a uma figura próxima de suas relações. Assim, podemos observar a cristalização de sua espontaneidade--criatividade ao não conseguir lidar com o paciente à sua frente, o que nos remete ao pensamento de que seus núcleos conflitivos ou neuróticos ainda carecem de tratamento. Outra evidência que pode nos mostrar tal cristalização é a dificuldade em assumir e desempenhar o papel de psicoterapeuta, o que significa dificuldades com aspectos anteriores à fase da pré-inversão de papéis da matriz de identidade. Muitas vezes, em momentos de tensão, Mila teve dificuldade de permanecer ou retomar ao papel que lhe foi atribuído. Isso nos mostra também, reciprocamente, a dificuldade de estabelecimento do papel profissional.

A CENA TEMIDA DE MARA

Depois de recomendar a Mila que levasse para sua terapia os conflitos vividos no *role-playing*, o pesquisador convidou Mara a retomar o papel de psicoterapeuta. Ela aceita o convite e a sessão é reiniciada do ponto onde havia sido interrompida quando Mila foi convidada a desempenhar o papel de psicoterapeuta. Alexandre continua a criticar a terapeuta. Nesse momento, o pesquisador pede a ele, por meio de uma consigna, sem que Mara escute, que ele fale mal de sua mãe e que diga à psicoterapeuta que não via mais saída para seu problema, provocando, assim, sentimentos maternos nela (contratransferência). A dificuldade verbalizada por Mara era a de sentir-se impotente diante do paciente, e era justamente a essa cena que o pesquisador procurava chegar, além de mudar as nuances das características do paciente.

c: Você é pentelha assim ou é só comigo?
t: O que é que você acha?
c: Você é uma xarope. Você ganha dinheiro assim? Vou fazê essa merda que você faz.
t: Faz igual, é interessante!
c: E eu vou ficar quanto tempo aqui?
t: O tempo que você quiser, o tempo que achar necessário.
c: Teu filho deve te achar uma xaropenga! Você é pior que minha mãe!
t: Você acha?
c: É, mas não é tão assim, podia ser pior. Você deve pentelhar os caras. Não queria ter uma mãe como você. Posso ir embora?
t: Pode.
c: É só sair?
t: É.
c: Mas, se eu sair, vou encontrar com minha mãe lá fora... Ela é uma sacal. Você não sabe o que acontece comigo, como ela pega no meu pé. Quer me colocar aqui, tá louco! [...] Ela só vive pros empregados, lá pro meu pai, não quer saber da gente... não é uma mãe, não entende ninguém. Às vezes eu vou bater um papo com ela, mas ela não entende porra nenhuma que eu falo.
t: Você se sente muito mal com sua mãe.
c: Minha mãe me trata muito mal, você não sabe do que essa mulher é capaz, putz! É um inferno minha vida lá perto dela! Aliás, ela deixa a casa inteira um inferno! Não sei como meu pai aguenta. Meu pai deve ter outra mulher, você tá ligada, né? Porque com uma mulher chata assim só tendo uma amante, né? Porque não é possível que um cara com uma mulher

assim o cara trepe, transe com uma mulher dessa!... Eu tô ligado que meu pai tem umas secretárias lá dentro supergostosas. E você é parecida lá com minha mãe.

T: Por que você acha isso?

C: Porque você é xarope! Olha teus óculos, só pode ser xarope! O que é isso, muito sofrimento para uma pessoa!!! Não mereço isso! Além de aturar minha mãe, tenho de aturar você!

Nesse momento, o pesquisador interrompe a cena e pede um solilóquio a Mara, evidenciando seus sentimentos. Apesar de estar conduzindo relativamente bem a sessão, ela está visivelmente tensa.

MARA: Eu não sei o que falar. Às vezes me vêm pensamentos, um monte de coisas...

PESQUISADOR: Que tipo de pensamentos?

MARA: Sei lá, ele tá fazendo uma transferência de mim com a mãe dele, né? Ao mesmo tempo me xingando de...

PESQUISADOR: Que emoção ele lhe provoca?

MARA: O que ele me faz lembrar é que, nessa idade, eu tenho duas filhas, então o tempo que perco com as duas, eu falo, falo, falo, falo e não sai nada, né? Então, o que eu tenho que falar, embora eu tenha certeza que não adianta nada... não vai adiantar nada mesmo.

PESQUISADOR: Como você se sente com isso?

MARA: Com uma certa impotência, né? O que será que eu poderia fazer? Será que nada mesmo? Eu sei que estou aqui, mas não vai adiantar nada mesmo!

PESQUISADOR: Onde, no seu corpo, você sente essa impotência?

MARA: Ah... um pouco no estômago, né? Mais no estômago.

PESQUISADOR: Você sente agora essa coisa no estômago?

MARA: Não, eu não estou sentindo isso. Eu me sinto assim, querer fazer algo sabendo que não vai dar certo. Sei que se concentra no foco que eu sei que é no estômago, me sinto dura, né?

PESQUISADOR: Altera sua respiração?
MARA: Não dá para perceber. Consigo perceber a pressão... as mãos geladas...
PESQUISADOR: Então, presta atenção nessas sensações...

O pesquisador começa a conduzi-la para uma maximização das sensações e emoções, apesar de ela já ter vivenciado o *insight* dramático por meio das ligações que fez com os relacionamentos com suas filhas. Mara esboça uma hesitação, uma reação de ter surgido algo em suas lembranças, porém parece mudar de assunto e começa com racionalizações. Fica evidente o surgimento de defesas intrapsíquicas que visam afastar tais conteúdos. Eles parecem ameaçadores.

MARA: É, consigo imaginar assim, a situação de eu querer ser mãe, esposa, de eu querer estar trabalhando, do meu lado profissional, tentar fazer todas essas coisas ao mesmo tempo e não conseguindo, né? Então isso me deixa impotente. Porque eu não posso ser uma mãe 24 horas e tenho que me dividir como dona de casa. Também não posso ser... eu me sinto impotente. Mas pra mim fica difícil, assim mesmo... eu tô toda travada, tô com nevralgia, tomei uma cambada de remédios e não adianta mais... Eu tô conseguindo controlar os impulsos e minha ansiedade de uma certa forma.
PESQUISADOR: Você vem trabalhando isso na terapia?
MARA: Há seis anos.
PESQUISADOR: E quando aconteceu isso na sua vida?
MARA: No meu próprio casamento. Sempre as pessoas mandaram em mim, como em tudo, né? Era mamãe, papai, aí casei, não deu certo, casei novamente. Sempre alguém mandava... agora me ouvem, né?
PESQUISADOR: Você chegou a entender ou perceber que essa situação de atender pacientes um pouco calados tem a ver com isso?
MARA: Graças a Deus eu peguei gente que fala mais que a boca...

PESQUISADOR: Porque você disse no início que você achava complicado atender pacientes assim...

MARA: Eu acho um pouco complicado atender paciente assim, vou me esforçar o máximo possível, mas se ele não quiser falar, ótimo, também não falo nada. Não me aflige. Mas todo atendimento me deixa ansiosa, todos. A primeira não falava nada, né? Daí, depois foi só dar duas ou três palavras, aí ela já se disparou, não tive grandes problemas. Claro que, uma pessoa que ficou olhando pro céu, você percebe que não quer nada, então não vou perder meu tempo. Que nem, teve uma hora que ela tava falando que, se chegasse a esse ponto comigo, eu falava: muito obrigado, adorei, você pode arrumar outro... não vou atender quem eu não quero. Eu não tenho condições de atender um adolescente drogado. Posso atender a mãe desse paciente drogado. Eu não vou atender quem eu não quero.

Ao analisarmos o atendimento de Mara, podemos perceber alguns pontos importantes para nossa compreensão. Parece ter sido uma atuação um tanto diferenciada das demais até aqui. Apesar do fato de a cena temida emergir logo no início do atendimento de Alexandre, o pesquisador procurou investigar um pouco mais para poder ter clareza não só da postura dela como psicoterapeuta, mas também da compreensão de si e do outro. Nesse sentido, ela demonstrou tranquilidade no atendimento, sabendo lidar com a situação criada pelo paciente. Demonstrou consciência de sua posição de psicoterapeuta ao se diferenciar de Alexandre, não contratransferindo para ele seus conflitos pessoais.

O medo e a ansiedade diante do atendimento eram claros para ela, como também eram claros seus limites de capacidade, experiência e conhecimento. Consequentemente, pareceu demonstrar bom senso no atendimento, além de estar conseguindo fazer boas articulações entre a teoria e a prática.

De acordo com seu depoimento final, fica evidente sua consciência sobre os conflitos trabalhados em sua psicoterapia e, de certa maneira, a ligação com os núcleos contratransferenciais emergentes durante o atendimento. Pareceu também ter consciência de suas cenas temidas.

Ela respondeu com ansiedade e algumas defesas intrapsíquicas às intervenções do pesquisador, o que parece natural para uma pessoa que está construindo um novo papel profissional e com os problemas advindos dessa formação em sua vida familiar, além de estar em "reconstrução" como pessoa. Podemos apontar como responsável por esse relativo sucesso, além do interesse de Mara pelo aprendizado da nova profissão e a dedicação a esse aprendizado, o longo processo psicoterápico ao qual vem se submetendo há pelo menos seis anos ininterruptos.

A simultaneidade de sua psicoterapia com a formação profissional, somada à sua experiência de vida e às outras qualidades de Mara já citadas, parecem ter dado a ela uma boa base para a aquisição de seu papel profissional sem sofrer as interferências penosas das cenas temidas. Mara parece ter lugar no rol daqueles alunos que, com sua preparação como pessoa, não se configuram como sujeito para a verificação do fenômeno das CTPI, já que as dificuldades no atendimento e seus problemas pessoais não chegam a paralisá-la em tal situação.

O ATENDIMENTO DE MURILO

Após a participação de Mara na dramatização, foi pedido a ela que desempenhasse o papel de Alexandre para o atendimento desse mesmo paciente por Murilo. Até então, ele havia funcionado como ego-auxiliar, desempenhando o papel de paciente. O grupo ainda parecia aquecido em torno da temática trazida por ele. Aproveitando seu atendimento como aquecimento, Mara fez, sem problemas, o papel de paciente. Iniciou-se a simulação do atendimento de Alexandre, com Murilo no papel de psicoterapeuta. Este já estava aquecido por ter participado como ego--auxiliar, desempenhando o papel de Alexandre.

т: E aí, tudo bem?
c: Tudo legal.
т: Você sabe o que você veio fazer aqui?
c: Não.
т: Não? Ninguém te falou?
c: Não.
т: Ninguém te disse nada?
c: Não.
т: Você não imagina o por quê?
c: Ah... (batucando na cadeira).
т: O que você acha de estar aqui conversando comigo, Alexandre?
c: Chato...
т: Chato? Por que é chato?
c: (após alguns segundos) Você me lembra minha mãe, aquela chata!
т: Sua mãe é uma chata? O que ela faz?
c: É chata.
т: O que uma pessoa chata faz?
c: Terminou o tempo aí? Que horas são?
т: Não, nós temos tempo. Você está com vontade de ir embora?
c: Eu tô.
т: Tá?

Murilo parece estar sem saída, então o pesquisador pede a ele que faça um solilóquio, tornando evidentes suas emoções.

MURILO: Eu não estou... ele está muito evasivo e eu não estou conseguindo pegar o foco. Mas, como eu já sei que ele está sendo resistente, eu já conheço o Alexandre, eu estou sabendo da situação. Então, tá meio que... eu tenho que estar buscando outras coisas, mas o caminho eu não estou conseguindo encontrar.

Fica nítida a tranquilidade de Murilo. Essa tranquilidade se deve aparentemente a dois fatores: o primeiro é que, por ter participado de quase todas as dramatizações, algumas inseguranças que ele pudesse ter foram dissipadas.

O segundo é que ele já havia nos dito que não tinha, a *priori*, dificuldades ou medo de nenhum tipo de paciente. Outro aspecto que nos chama a atenção é o bom desempenho de papéis pela qualidade dramática que demonstrou, além da espontaneidade e da criatividade diante das novas situações propostas pelo pesquisador a ele como Alexandre.

Apesar da curta entrevista, Murilo parecia saber lidar com as adversidades, permanecendo no papel de paciente independentemente das dificuldades que se constituíram e das emoções que permearam o grupo durante a dramatização. Foi possível notar nele certa dificuldade técnica como psicoterapeuta; porém, podemos considerar tal aspecto como natural, porque ele ainda está construindo seu papel profissional, além da falta de experiência, que é peculiar nessa etapa da sua formação. Da mesma maneira que Mara, ele parece bastante adequado e "saudável", o que nos permite supor o porquê da ausência das CTPI.

O pesquisador não pediu que atendesse Murilo outro paciente pela demanda de papéis a que ele já tinha se submetido. Após a simulação de atendimento de Murilo, o pesquisador propôs a criação de um novo paciente imaginário por considerar que a temática trazida por Alexandre já havia esgotado as expectativas do grupo. O grupo concordou de imediato com essa nova proposta, passando em seguida à criação do novo paciente imaginário. Apesar das observações feitas anteriormente sobre Murilo, o pesquisador propõe que ele atenda esse novo paciente, para confirmá-las.

A CENA TEMIDA DE MONA

Criado por meio de sugestões de todos os elementos do grupo, este novo paciente imaginário tem o seguinte perfil: Francisca, 45 anos, separada há um ano e meio, dois filhos, um menino de 11 anos que não vai bem na escola e uma menina de 15 que quer parar de estudar para trabalhar. Francisca tem como queixa a dificuldade de lidar com os filhos. Mila se oferece para desempenhar o papel de paciente, o que é aceito prontamente pelo grupo. Após o aquecimento específico de Mila para assumir o papel de Francisca, Murilo assume o papel de psicoterapeuta e inicia-se a sessão.

t: Você está procurando um profissional, posso saber por quê?
c: Bom, é assim, né? Eu separei... faz um ano e meio e eu tenho dois filhos terríveis, são adolescentes. Eles estão me dando muito trabalho...
t: Você pode me contar um pouquinho?
c: Bom, você sabe né? Esses adolescentes que gostam daquelas roupinhas, tudo de marca, e eu trabalho fora e não tenho dinheiro pra ficar comprando essas coisas. E aí, depois eles querem sair com os amigos, e eu não sei da onde são esses amigos ao certo, e eles estão desinteressados pelo estudo, estão me dando a maior dor de cabeça, a escola já me chamou falando que eles vão ser reprovados. Então, eles tão me tirando do sério, eu não sei o que fazer com eles.
t: E eles estão dando muito trabalho pra você?
c: Ah! demais...
t: E foi por essa razão que você resolveu procurar um profissional?
c: É porque eu não sei o que fazer com eles. Tem horas que eu tenho vontade de sumir, de afogar essas crianças, de dar pra alguém cuidar...
t: Tem horas que você tem vontade de sumir?
c: É, eu não aguento, é tudo em cima de mim!
t: O que é tudo?
c: Tudo, a educação das crianças... aí, vira e mexe as crianças tem coisas pra fazê, e eu tenho que dá conta do meu trabalho e fica muita carga, muita, eu não aguento.
t: Seu ex-marido, ele ajuda, ele auxilia?

c: Olha, se ele auxilia? Hum... auxilia mas não muito. Ele pega as crianças assim, pra dá uma volta, pra passear, e aí fica com outras mulheres...

t: Francisca, me conta um pouquinho como é que você casou, como era seu casamento, como foi sua separação...

c: Ah... meu casamento?

Houve silêncio de alguns segundos. Mila sai do papel de paciente, começa a rir e pede para o grupo esperar. Em seguida, volta ao papel e reinicia a cena.

c: Ah... meu marido era delicado, assim como você. No começo ele se preocupava, assim como você, de como eu andava, de como eu estava fazendo as coisas. Aí, tinha esse olhar assim... atraente, assim.

t: Mas você casou quando, há quantos anos?

c: Há doze anos.

t: E o que aconteceu para que vocês chegassem a uma separação?

c: Ah... quando a gente namorava, você nem sabe como era bom!!! Atencioso como você, me levava pra passear, me fazia carinho, ele era outro homem, completamente diferente. Agora, virou aquela coisa! Sabe aquela história do príncipe que vira sapo?

t: Como é virar sapo, Francisca?

c: Virar sapo? Ah... o sapo é aquele que pula, né? Fica pulando de galho em galho e... assim.

t: Seu marido pulava de galho em galho?

c: Ele pula, aliás, era o que ele adorava fazer. Ele pulava em cima de outras mulheres. Aí eu acabei me sentindo menos atraente...

Nesse momento, Mila sai do papel que estava desempenhando e não consegue mais retomá-lo, deixando evidente que havia influência de conteúdos pessoais que a impediam de desempenhar tal papel. A pedido do pesquisador, para não expor Mila e não prejudicar o trabalho, Mara troca de papel com ela, reiniciando em seguida a dramatização com o mesmo clima de sedução.

t: Você chegou a vê-lo com outras mulheres?
c: Ele ficava cantando outras mulheres, e aí assim, né? A gente escutava alguma coisa sobre o assunto, e isso me fazia sentir muito mal.
t: A gente quem?
c: Assim, as pessoas comentavam, com uma amiga, com outra.
t: E como você se sentia?
c: Me sentia mal, né? Achava que eu não era mulher suficiente pra ele...
t: Você sempre se achou assim, que não era mulher suficiente?
c: Ah... eu me achava, sim...
t: Desde quando você se casou?

Parece que Murilo confirmava as observações feitas em seu atendimento imaginário anterior. Ele conduzia relativamente bem o atendimento, suportando as investidas de sedução da paciente sem se alterar ou contratransferir, apesar de não ter apontado para a paciente tal comportamento, nem ter dado limites a ela, evitando sua invasão.

Poderíamos inferir sobre conteúdos pessoais para a existência dessa não intervenção de Murilo com a paciente, cabendo, portanto, a investigação de uma possível cena temida. Contudo, pelo conjunto de sua atuação como psicoterapeuta, isso não foi necessário. Porém, fora do foco da ação, Mona estava aparentemente distante, como se estivesse em outro lugar, descomprometida com a cena. Parecia, de algum modo, que o drama havia provocado defesas intrapsíquicas em Mona que a "afastavam" da realidade que estava sendo vivida pelo grupo naquele momento. Percebendo isso, o pesquisador interrompe a dramatização e pede a ela que faça um solilóquio. Ela tentou se justificar dizendo que era tarde e que estava pensando em sua filha, porém, sua distância sugeria que havia outros motivos para estar tão distraída.

Diante da justificativa, o pesquisador pede que Murilo deixe o papel de psicoterapeuta e assuma o papel de Francisca, afinal, ele era o melhor ego-auxiliar. Em seguida, convida Mona para atendê-la. Processadas as modificações e após um breve aquecimento de Mona, a cena é reiniciada com ela no papel de psicoterapeuta e Murilo no de paciente.

c: Ele me traía, e eu ficava sabendo pelas minhas amigas. Foi minha amiga que contou. Eu acho... que o filho da mãe me traiu com essa minha melhor amiga e ela não quis me dizer. Eu tenho certeza, eu tenho certeza!!! A gente já tinha problemas, né? No começo... então, o que você acha, você já passou por isso?

t: Não, eu... eu só quero saber de você, assim, por exemplo, essa certeza assim, de onde vem essa certeza de que você conhece a pessoa que estava te traindo?

c: Ah!... É uma coisa de mulher. Eu tinha certeza, é instintivo, eu fui uma vez numa festa, e ele não desgrudava o olho da secretária dele. Tenho certeza!!! São coisas que uma mulher sabe!!! Não precisa ninguém me dizer, ah... eles tinham coisa, ele chegava muito tarde, aquela piranha lá!

Nesse momento o pesquisador interveio com uma interpolação de resistência, dando a consigna a Murilo, no papel de Francisca, para que ele perguntasse novamente a opinião da psicoterapeuta. A negativa de uma resposta de Mona à paciente chamou a atenção do pesquisador.

c: Você não acha, não precisa ter visto pessoalmente a traição, o que você acha?
t: (Silêncio)
c: Afinal de contas, você é mulher, você me entende. Não é complicado isso? Eu fico numa situação terrível, o que você acha?

Conforme as perguntas foram se repetindo, Mona foi ficando mais ansiosa. Parecia que ela estava paralisada diante da questão formulada por Francisca. Com a emergência da paralisia em Mona, o pesquisador pediu a ela um solilóquio. Em seguida, passa a pesquisar sua possível cena temida.

MONA: Tô pensando assim, como é que a pessoa assim, ah... um tipo de paciente assim... tem certeza, assim, tão absoluta do que ela tá passando...
PESQUISADOR: E o que você acha disso?
MONA: Sei lá, ela tem muita certeza...
PESQUISADOR: Isso é o que você acha... eu quero saber o que você está sentindo?
MONA: Tô sentindo? Tá muito assim, fica muito assim, direto assim em cima, não vejo onde pegar gancho para perguntar. Sei lá...
PESQUISADOR: Isso dá para perceber, mas o que você está sentindo?
MONA: Sentindo? Ah... um caso difícil, não sei o que eu vou falar para ela.

A partir desse momento, Mona vai ficando cada vez mais ansiosa no decorrer do diálogo com o pesquisador. Ela não consegue identificar o que sente e passa a responder de acordo com o que "acha" (pensa) da situação. Manifesta, portanto, uma defesa intrapsíquica que privilegia sua racionalidade por não conseguir lidar com a emoção. Não consegue perceber que sua dificuldade no atendimento pode estar ligada a conflitos pessoais; desse modo, fica paralisada, numa situação que propicia a contratransferência, evidenciando, assim, uma cena temida. Para investigá-la melhor, o pesquisador continua a questionar Mona.

PESQUISADOR: Como você se sente diante dessa paciente?
MONA: Como é que eu me sinto?
PESQUISADOR: É.

MONA: Perdida.
PESQUISADOR: O que você acha desse negócio do marido trair ela?
MONA: Ele é um sacana! (ela ri)... e ela deixa!

Com isso, Mona pode ter evidenciado em si os sentimentos e pensamentos sobre a paciente, sobre o marido da paciente e até sobre suas questões pessoais. Em seguida, o pesquisador pede que a cena seja retomada. Parece que a pergunta da paciente remeteu Mona a um dilema. Por um lado, ela estava mobilizada pela situação da paciente, não conseguindo se "desmisturar" dela totalmente e com desejo de compartilhar seus sentimentos. Por outro, achava que seria inadequado compartilhar tais sentimentos por meio de sua opinião. Ela não conseguia perceber que poderia opinar, poderia sentir-se mobilizada, poderia tomar posição sem precisar compartilhar dos conflitos ou da história de vida de sua paciente. Essa era a leitura do pesquisador.

C: Então, o que você acha?
T: Bom, não posso tá achando nada. Por que você está me trazendo a coisa?
C: Mas eu preciso saber sua opinião! Eu tô pagando, então eu quero ouvir sua opinião!
T: Foi você que se separou ou foi ele que se separou de você?
C: Ah!...tava na cara, né? Sexo não estava rolando, nunca rolou, eu fazia minhas obrigações...
T: Que obrigações?
C: Minhas obrigações de mulher, ora bolas. Ele vinha me procurar, aí eu o satisfazia...
T: Quer dizer que vocês ainda estavam tendo um relacionamento?
C: É... você entende como é? Eu estava fazendo minha função de mulher, você não faria também a mesma coisa, na minha situação, com o marido?

Novamente Mona ficou paralisada diante da pergunta do paciente. O pesquisador pede outro solilóquio a ela, evidenciando sua paralisia. Parece que a hipótese dele estava se confirmando, e a cena temida ficava cada vez mais evidente. Era claro que ela estava julgando a paciente e seu marido. Outra hipótese se instaurava: aquela situação poderia ter alguma relação com a vida de Mona.

MONA: Eu não sei o que fazer. Não dá.
PESQUISADOR: O que é que não dá?
MONA: Não dá para responder, eu sinto que é uma conversa, assim, de amiga.
PESQUISADOR: E aí, ela quer saber a sua opinião?
MONA: Se eu der minhas opiniões, nós vamos ficar batendo papo! Eu acho que não pode!
PESQUISADOR: Por que você acha que não? Além de ela ser uma boba e ele um sacana?
MONA: Eu acho que ela é uma boba porque, em primeiro lugar, eles foram numa festa e ela disse que o marido ficava olhando para a secretária. Será que ele está olhando realmente ou era ela que estava imaginando que ele só ficava olhando? Eu acho que ela estava com coisa na cabeça. Ela fica vendo bichos onde não existe.
PESQUISADOR: Já aconteceu isso com você?
MONA: Não.
PESQUISADOR: Então você não fica vendo bichos?
MONA: Não. No meu casamento nun... mas eu fui traída, é óbvio. E eu vi de verdade.
PESQUISADOR: E como é para você estar atendendo um caso desses e já ter sido traída?
MONA: Eu fico pensando assim... ah... nem sei, já me confundi tudo. Se eu for ficar falando, eu vou ficar dando dicas pra ela. Você tem que gostar mais de você, você tem que se cuidar melhor. O pior é que, ultimamente, só tem aparecido casos assim pra mim...
PESQUISADOR: Você sente revolta ao ouvir isso?

MONA: Eu sinto, sim, eu sinto. Eu acho assim... num relacionamento assim, tem que se respeitar. Não é porque a mulher não trabalha fora que ela não tem trabalho dentro de casa. Ela tem uma dedicação, ela cuida dos filhos, tem a casa tudo e, se ele trabalha fora, ele tem que respeitar as coisas de dentro de casa.

A situação de atendimento fez que Mona ficasse paralisada diante do impasse que os questionamentos da paciente causavam. Sua espontaneidade-criatividade, paulatinamente, se mostrou cristalizada em consequência dos núcleos neuróticos que trazia em sua história de vida.

A partir desse momento, o grupo desfocou os problemas pessoais de Mona e começou a discutir as saídas técnicas para a situação e a negativa de resposta a Francisca do ponto de vista desta. Em seguida, o grupo tentou discutir a influência dos conflitos pessoais de Mona em seu atendimento. Nesse sentido, o pesquisador interveio e expôs ao grupo que não se tratava de fazer supervisão, avaliações técnicas ou pessoais, mas que ficava evidente que os problemas pessoais estavam se tornando um entrave para aquele atendimento e que, até na própria avaliação de Mona, se o problema fosse abordado mais profundamente, ela perderia o controle da sessão e não continuaria mais sendo psicoterapeuta. Também foi dito para Mona que havia conteúdos pessoais que deveriam ser trabalhados em sua psicoterapia, e que tais conteúdos, com a formação acadêmica, estavam evocando nela a cena temida. Com a participação de Mona, encerrou-se a parte dramática do *role-playing*. Passamos, então, para os comentários que o finalizariam.

OS COMENTÁRIOS

A princípio, o grupo demonstrou sua curiosidade a respeito de como o trabalho ao qual acabava de se submeter era feito e, também, sobre seu histórico. Relatamos a história de como chegamos à tematização da pesquisa e sobre a metodologia. O grupo também demonstrou certa surpresa com relação ao método de investigação utilizado para a verificação das cenas temidas e com o quanto as ideias do trabalho encontravam ressonância nele. Cada elemento pôde compartilhar com os outros as experiências vividas nas dramatizações e reconheceram as deficiências de suas formações acadêmicas e a necessidade da psicoterapia para potencializar suas atuações profissionais. Após uma breve análise das situações dramatizadas por eles, de acordo com a cena temida de cada um, passamos à fase dos comentários propriamente dita e pedimos a cada um que desse seu depoimento sobre o trabalho realizado.

MILA: Pra mim, foi superválido. Foi uma experiência que eu nunca tinha passado. É assim, estar se vendo dentro da situação, é uma oportunidade que a gente tem de realmente estar se vendo, assim, com compromisso. Porque, afinal de contas, a gente tem que estar incorporando para a emoção poder surgir. Ao mesmo tempo, a gente não tem aquela responsabilidade de não estar prejudicando o andamento do trabalho. Olha, eu adorei!

MONA: Achei uma coisa muito interessante, muito importante, agradeço às meninas por terem me pegado e não terem me deixado ir pra casa. Eu acho uma coisa muito importante na nossa formação. Porque essas histórias de vida enroscando em nossos casos não dá certo. E gostei tanto que acho ruim ser um dia só, podia ter mais. Achei muito, muito bom mesmo!

MARA: Gostei muito do trabalho, achei bárbaro ter participado, de qualquer forma ter ajudado que vá pra frente, que mude nosso currículo como psicólogo. Pra nós é tarde demais, porque já foi, mas para o resto é importante que haja uma possibilidade de qualquer forma para fazer da nossa profissão uma coisa melhor. Tem gente que tá a fim de mudar, tem gente que tá a fim de melhorar nosso papel profissional aí fora. Acho isso muito importante. Achei como ela, achei pouquinho também. Foi muito bom! E deixa eu falar uma coisa que eu não falei: vocês colocaram pra gente de uma forma que eu me senti legal, eu não fiquei com medo de ficar falando ou de estar me colocando, vocês colocaram de uma certa forma que me senti bem. Mesmo de estar fazendo qualquer coisa errada. Se eu tivesse que fazer, ou não fizesse, ou falasse, ou me sentisse, eu me senti muito bem. Vocês não me julgaram, não me avaliaram. Claro que eu senti ansiedade, claro que eu me senti mal em alguns temas, mas me senti legal.

MURILO: Quando as pessoas falam que foi pouco é porque foi bom. Eu também gostei, foi legal. Entrei de paraquedas, mas gostei mesmo! É legal isso, não sei se eu contribuí pra sua pesquisa, mas o que eu sinto é que vocês, todo mundo contribuíram pra eu me posicionar, pra eu tentar me compreender também, ver também meus medos, minhas ansiedades também, talvez não tenham sido colocadas de alguma forma, mas existem. Foi muito gostoso isso, acho legal. Devia ter outro trabalho assim, você vê como existe essa lacuna mesmo no nosso trabalho, na questão dentro da faculdade.

MEIRE: Pra mim também foi muito legal. Isso que Mara falou tem muito a ver. Eu sou muito tímida e eu não me exponho com facilidade. Eu fiquei pensando muito se eu vinha, porque eu sabia que eu ia ter que me expor em algum momento, porque isso foi falado, foi colocado, né? Vou, não vou, vou, não vou, e aí, como vocês colocaram, me deixou completamente à vontade, foi superlegal, foi gostoso estar aqui. A importância desse trabalho é absurda! Você tem que divulgar muito isso quando sair, porque realmente é muito importante. Agora, eu estou saindo daqui ansiosa, porque eu fiquei pensando: e aí, como é que eu devia agir naquela situação? Então, vou levar pra terapia, vou tacar fogo na casa. Mas foi muito legal.

Após os depoimentos, agradecemos a participação de todos no *role-playing*.

Palavras finais

Como pudemos observar, por meio dos exemplos de nosso estudo de caso, a emergência das CTPI ocorreu em quatro dos cinco elementos do grupo estudado. O quinto elemento (Murilo) ainda justifica que teria cenas que pudessem lhe causar medo, mas que, de certo modo, procurou não expor.

Observou-se, também, que as CTPI ficavam evidentes sempre após o titubeio do estudante no papel de psicoterapeuta, ao atender o paciente proposto pelo próprio grupo. Podemos nos perguntar também se o que impediu Murilo de se expor foi o fato de o trabalho em grupo revelar algo de muito pessoal. Será que essa suposta revelação seria uma cena temida por ele?

Mesmo com o pequeno número de pessoas em situação experimental, as CTPI se mostraram em alto grau de emergência, evidenciando sua existência. Nosso propósito não foi demonstrar quantitativamente o fenômeno, comprovando estatisticamente sua ocorrência na amostra; também não foi comparar tais resultados em dois grupos diferentes, mas discriminar as CTPI da natural falta de experiência do profissional que inicia sua carreira. Parece-nos que essa meta foi alcançada.

Sugerimos, com isso, a introdução do tema para discussão nos meios acadêmicos para posterior aprofundamento de seus estudos, já que o assunto é complexo e se confunde com dificuldades de assunção do papel profissional, não se resolvendo com o desenvolvimento deste. Trata-se, portanto, de distinguir uma dificuldade pessoal do aluno, que é mais profunda do que a falta de experiência e que pode comprometer o potencial e o sucesso do clínico iniciante, bem como os atendimentos feitos por ele. A discriminação do fenômeno possibilita nossa reflexão a respeito dele, bem como o estabelecimento de estratégias para lidar com a situação dentro do ambiente de ensino, otimizando a relação psicoterapeuta-paciente.

Assim como na faculdade de medicina, onde os alunos, por uma série de pressões pessoais e do meio social, por uma onipotência sobre a vida e a morte e pelas dificuldades em desenvolver um relacionamento com seus pacientes (Kaufman, 1992) podem ter desencadeado em si quadros patológicos, parece-nos que o mesmo pode ocorrer com alunos da psicologia.

Por intermédio de nossas correlações, reflexões e do exemplo de nossa pesquisa de campo, procuramos demonstrar que as CTPI emergem dentro de um quadro emocional do estagiário que inicia sua carreira clínica. É uma etapa altamente mobilizadora na vida do estudante, onde ansiedade, medo e expectativa se instalam quando da assunção do papel profissional. Toda essa carga emocional faz que o aluno viva, nesse período, em campo tenso, dificultando, assim, sua capacidade de adaptação. É nesse momento que as CTPI encontram terreno fértil para sua emergência por meio dos fatores que estão à sua volta.

Entre esses fatores, vimos que o aluno pode utilizar o curso como vínculo compensatório (Dias, 1994) para resolver conflitos pessoais e passa a se identificar ao longo do aprendizado com os quadros psicopatológicos, com a doença. Parece que se posiciona como paciente, muitas vezes lançando um "pedido" aos professores para que estes desempenhem o papel de seu psicoterapeuta. Em outras oportunidades, foge com medo de ser identificado como paciente. Suas defesas intrapsíquicas provocam essa mistura de papéis.

Dependendo da carga transferencial do estudante, esse "psicoterapeuta" pode se tornar uma figura continente à qual ele se vincula facilmente ou, então, pode ser visto como uma figura aversiva e punitiva da qual o aluno se afasta. Em ambos os casos, o prejuízo para o processo de comunicação entre professor e aluno é evidente. Observamos também que, se o estudante postergar o início de sua psicoterapia pessoal, os fatores que permeiam as CTPI podem ser intensificados, incrementando ainda mais o nível de sua carga transferencial.

Como vimos, fica evidente a cristalização da espontaneidade--criatividade, o que mostra a existência de entraves no desenvolvimento psicológico do aluno, e essa cristalização se manifesta quando ele expressa o medo que paralisa diante do paciente temido, fazendo conexões, muitas vezes inconscientes, com seus conflitos pessoais. Tais conexões parecem estar na base das CTPI, dificultando o atendimento do aluno ao seu paciente.

Com relação aos fatores externos, procuramos demonstrar que, até o presente momento, existe uma estrutura de curso que dificulta o estabelecimento da identidade profissional do aluno. Parece existir, segundo alguns pesquisadores, como Mello (1983) e o Conselho Federal de Psicologia (1994), um problema insolúvel nessa estrutura: como ensinar tantos conceitos teóricos com tantos pré-requisitos no espaço de tempo proposto? A partir desse problema, instituem-se outros, como a perda de visão do conjunto das disciplinas e a falta de articulação entre elas. Dessa maneira, podemos inferir uma visão superficializada das disciplinas e, muitas vezes, a ausência de uma saber crítico por parte dos alunos. Com relação à postura profissional exigida do futuro psicoterapeuta, bem como o desenvolvimento de seu papel profissional, vimos que existe a necessidade de um espaço maior para o desenvolvimento desses aspectos. O reflexo disso é a exacerbação dos aspectos contratransferências do psicoterapeuta iniciante em prejuízo do estabelecimento do clima terapêutico e da vinculação na relação com seu primeiros pacientes.

A partir dos depoimentos do grupo, também foi possível fazer uma reflexão sobre que tipo de tratamento deve ser dado às CTPI na universidade, já que elas ocorrem no *setting* pedagógico.

Parece-nos que é nesse lugar que elas devem ser tratadas. Contudo, o estabelecimento de um *setting* psicoterapêutico poderia expor a vida pessoal do aluno, além de favorecer uma mistura de papéis que não nos parece proveitosa para quem necessita estabelecer uma identidade profissional e está encontrando dificuldades. Seria propor mais um problema a ser resolvido pelo aluno, ou o mesmo problema colocado de outra forma.

Esse tratamento ao qual nos referimos parece ocupar uma lacuna existente entre a formação teórica, a psicoterapia pessoal de cada aluno e a supervisão. A sugestão é que, com a mesma técnica diagnóstica das CTPI – porém com uma mudança de objetivos – poderíamos, além de diagnosticar, tratar as cenas temidas de cada aluno. Com espaço de tempo adequado, seria possível aprimorar a aplicação de técnicas, propiciar o desenvolvimento postural do aluno, ensiná-lo a produzir o clima terapêutico na relação psicoterapeuta-paciente e sensibilizá-lo da necessidade de iniciar o quanto antes seu processo psicoterápico. Desse modo, o aluno desenvolveria sua identidade profissional precocemente, chegando à supervisão com uma série de experiências vividas que o habilitariam mais facilmente aos atendimentos, aliviando, assim, a demanda de trabalho nos estágios supervisionados.

Em outras palavras, o novo objetivo a ser levado em conta, além de diagnosticar as CTPI, é o de realizar o atendimento elas por meio da utilização do jogo de papéis para a assunção do papel profissional. Enseja-se, assim, a conscientização do aluno para suas cenas temidas, as relações entre elas e sua história de vida e a identificação dos núcleos a serem trabalhados em sua psicoterapia pessoal. Isso abriria, portanto, um espaço no curso de psicologia para que as angústias, dúvidas e preocupações dos alunos com relação ao curso fossem tratadas em grupo.

Esse espaço poderia ser utilizado para preparar o aluno para os estágios supervisionados, desenvolvendo postura profissional, manejo de técnicas e articulando a teoria e a prática.

Outro trabalho a ser desenvolvido nesse espaço é o das simulações de atendimento, para que o aluno internalize a teoria apreendida, o que abre uma gama interessante de possibilidades para que, por um lado, o estudante possa desenvolver todo seu potencial e aplicar seu talento na nova profissão e, por outro, beneficie os usuários da clínica-escola com um atendimento de melhor qualidade. Esse trabalho, de certa maneira, é realizado com muito sucesso na Faculdade de Medicina da Universidade São Paulo, na disciplina de psicologia médica, por meio do teatro pedagógico (Kaufman, 1992), onde os estudantes de medicina podem vivenciar o atendimento aos pacientes antecipadamente, diminuindo os entraves que possam surgir nos primeiros atendimentos. Por que não realizá-lo no curso de psicologia em suas várias especialidades?

Entre todos os aspectos que procuramos discutir, o que fica evidente é a necessidade de se conhecer o perfil do aluno. Conhecê-lo um pouco melhor, entrar em contato com sua história de vida, personalizar um pouco mais o ensino da psicologia parece-nos o caminho mais eficaz para a formação profissional. Hoje vemos vários profissionais discutindo e se empenhando para melhorar a qualidade de ensino, ouvimos falar também em "qualidade total" nas empresas e na "melhoria da qualidade de vida". Em oposição a isso, podemos observar a massificação do ensino, a qual contribui para que se conheça cada vez menos o indivíduo.

Nossa pesquisa de campo parece anunciar os sentimentos dos alunos com relação a essa massificação. Dúvida, angústia, insegurança e ansiedade ficaram patentes no trabalho que realizamos, bem como a satisfação dos sujeitos que dela participaram ao perceberem que existem profissionais preocupados com esses sentimentos tão presentes em sua formação.

Pode parecer utópico sugerir que se personalize um curso universitário, porém, no caso do curso de psicologia, é preciso utilizar mais o conceito de espontaneidade-criatividade de Moreno no ensino, para que os alunos sintam que são vistos como seres humanos. Nesse sentido, Kaufman (1992, p. 53) aponta:

> O ensino baseado na criatividade não impõe modelos preestabelecidos, portanto, não ensina "verdades"; pelo contrário, preocupa-se com a motivação e o prazer, com a possibilidade de ousar, de fazer o novo. Às vezes, o professor não sabe como lecionar por ter desaprendido a ser criativo, ou por não encontrar o método didático mais apropriado. Tem medo do diferente, da mudança.

Acreditamos que humanizar o ensino da psicologia é uma importante sugestão, mas, para tanto, é necessário conhecer e compreender o aluno, estar mais próximo de suas humanidades e fazer que ele aprenda, além da teoria e suas técnicas, a transpor seus limites e ampliar suas potencialidades. Acreditamos também que esse é um caminho interessante para a transformação do sistema de ensino vigente em nossa realidade, o que implica instituições e professores diferenciados.

Neste livro, procuramos discutir e refletir sobre os fenômenos das CTPI e alguns dos importantes fatores que podem influenciá--las, porém, não foi nosso objetivo esgotar a discussão proposta. Muitos são os fatores que podem influenciar um psicoterapeuta iniciante em sua jornada, e seria muita pretensão tentar passar em desfile todas as pressões sociais e pessoais às quais o estudante está exposto. Podemos exemplificar especificamente a competitividade entre os alunos durante os estágios supervisionados, a destrutividade entre colegas, expressa nas críticas sobre os atendimentos realizados, o sentimento de perda de sentido que toma os alunos quando se aproximam do término do curso e as dúvidas sobre qual sistema teórico adotar para o trabalho psicoterápico – para citarmos apenas alguns deles.

Qualquer um dos temas presentes nesses exemplos é de grande complexidade e também poderiam desviar-nos de nossa jornada – talvez assim possamos nos justificar por não termos conseguido alcançá-los neste estudo. Mesmo assim, esperamos ter oferecido nossa contribuição, que é fomentar a discussão sobre a formação em psicologia. Queremos também salientar que o conceito, o diagnóstico e o atendimento das CTPI podem ser aplicados em outras especialidades dentro da psicologia, dependendo do grau de neurotização do indivíduo que inicia tal atividade.

O intuito principal era ensejar como poderia ser trabalhada a cena temida, e esse tema sugere futuras pesquisas, nas quais, além da ampliação da amostra, poderá existir a continuidade deste trabalho, tornando-o mais abrangente. Para nós, o importante é estarmos em permanente discussão sobre a formação e o aprimoramento de nossa profissão, para formarmos melhores profissionais e contribuir, por meio de nossas relações, com o desafio da descoberta de seres humanos melhores.

Referências bibliográficas

ANTUNES, M. A. M. *O processo de autonomização da psicologia no Brasil 1890-1930: uma contribuição aos estudos em história da psicologia*. 1991. Tese (Doutorado em Psicologia), Pontifícia Universidade Católica de São Paulo, São Paulo (SP).

BALLY, G. *El juego como expresión de libertad*. México: Fondo de Cultura Económica, 1964.

BAPTISTA, M. T. D. S. *Identidade e transformação: o professor na universidade brasileira*. São Paulo: Unimarco/Educ, 1997.

BOCK, A. M. B. *Pensando a profissão de psicólogo ou eu, caçador de mim*. 1991. Tese (Doutorado em Psicologia), Pontifícia Universidade Católica de São Paulo, São Paulo (SP).

CONSELHO FEDERAL DE PSICOLOGIA. *Psicólogo brasileiro*. São Paulo: Casa do Psicólogo, 1994.

CUKIER, Rosa. *Palavras de Jacob Levy Moreno: vocabulário de citações do psicodrama, da psicoterapia em grupo, do sociodrama e da sociometria*. São Paulo: Ágora, 2002.

_____. *Quem é o psicólogo brasileiro?* São Paulo: Edicon, 1988.

DIAS, V. R. C. S. *Psicodrama: teoria e prática*. São Paulo: Ágora, 1987.

_____. *Análise psicodramática: teoria da programação cenestésica*. São Paulo: Ágora, 1994.

FIGUEIREDO, L. C. M. *Modos de subjetivação no Brasil e outros escritos*. São Paulo: Educ/ Escuta, 1995.

_____. *Revisitando as psicologias: da epistemologia à ética das práticas e discursos psicológicos*. São Paulo: Educ/Rio de Janeiro: Vozes, 1996.

FONSECA FILHO, J. S. *Psicodrama da loucura*. São Paulo: Ágora, 1980.

GAIARSA, J. A. *Formando agentes de transformação social: subsídios para um projeto de faculdade*. São Paulo: Ágora, 2009.

GONÇALVES, C. S.; ALMEIDA, W. C.; WOLFF, J. R. A. S. *Lições de psicodrama: introdução ao pensamento de J. L. Moreno*. São Paulo: Ágora, 1988.

KAUFMAN, A. *Teatro pedagógico: bastidores da iniciação médica*. São Paulo: Ágora, 1992.

KESSELMAN, H.; PAVLOVSKY, E.; FRYDLEWSKY, L. *Las escenas temidas del coordinador de grupos*. Buenos Aires: Ediciones Busqueda, 1984.

LEHMAN, Y. P. *Aquisição de identidade vocacional em uma sociedade em crise: dois momentos na profissão liberal*. 1988. Tese (Doutorado em Psicologia Escolar e Desenvolvimento Humano), Universidade de São Paulo: São Paulo (SP).

MARINEAU, R. F. *Jacob Levy Moreno 1889-1974: pai do psicodrama, da sociometria e da psicoterapia de grupo*. São Paulo: Ágora, 1989.

MASSARO, G. *Esboço para uma teoria da cena*. São Paulo: Ágora, 1996.

MELLO, S. L. *Psicologia e profissão em São Paulo*. São Paulo: Ática, 1983.

MEZHER, A. "Um questionamento acerca da validade do conceito de papel psicossomático". *Revista Febrap*, v. 3, n. 1, 1980, p. 221-23.

MORENO, J. L. *Psicoterapia de grupo e psicodrama*. São Paulo: Mestre Jou, 1974.

_____. *Psicodrama*. São Paulo: Cultrix, 1975.

_____. *Las bases de la psicoterapia*. Buenos Aires: Hormé, 1977.

_____. *O teatro da espontaneidade*. São Paulo: Summus, 1978.

NAFFAH NETO, A. *Psicodrama: descolonizando o imaginário*. São Paulo: Brasiliense, 1979.

_____. *Psicodramatizar*. São Paulo: Ágora, 1980.

MENEGAZZO, C. M.; TOMASINI, M. A.; ZURETTI, M. M. *Dicionário de psicodrama e sociodrama*. São Paulo: Ágora, 1995.

PEREIRA, R. A. *As Cenas temidas do psicoterapeuta iniciante: reflexões sobre a construção do papel profissional do psicoterapeuta*. 1998. Dissertação (Mestrado em Psicologia), Universidade São Marcos, São Paulo (SP).

PEREIRA, Z. C. *A construção da identidade do psicólogo e as práticas alternativas: um estudo com alunos de faculdade de psicologia*. 1997. Dissertação (Mestrado em Psicologia), Universidade São Marcos, São Paulo (SP).

ROJAS-BERMÚDEZ, J. G. *Núcleo do eu*. São Paulo: Editora Natura, 1978.

TAVERNA, C. S. R. *Estudo do perfil de alunos egressos do curso de psicologia da Universidade São Marcos: reflexões acerca da formação de psicólogos*. 1997. Dissertação (Mestrado em Psicologia), Universidade São Marcos, São Paulo (SP).

------------------ dobre aqui ------------------

CARTA-RESPOSTA
NÃO É NECESSÁRIO SELAR

O SELO SERÁ PAGO POR

AC AVENIDA DUQUE DE CAXIAS
01214-999 São Paulo/SP

------------------ dobre aqui ------------------

CADASTRO PARA MALA-DIRETA

Recorte ou reproduza esta ficha de cadastro, envie completamente preenchida por correio ou fax, e receba informações atualizadas sobre nossos livros.

Nome: _____ Empresa: _____
Endereço: ☐ Res. ☐ Coml. _____ Bairro: _____
CEP: _____ - _____ Cidade: _____ Estado: _____ Tel.: ( ) _____
Fax: ( ) _____ E-mail: _____
Profissão: _____ Professor? ☐ Sim ☐ Não Disciplina: _____ Data de nascimento: _____

1. Você compra livros:
☐ Livrarias ☐ Feiras
☐ Telefone ☐ Correios
☐ Internet ☐ Outros. Especificar: _____

2. Onde você comprou este livro? _____

3. Você busca informações para adquirir livros por meio de:
☐ Jornais ☐ Amigos
☐ Revistas ☐ Internet
☐ Professores ☐ Outros. Especificar: _____

4. Áreas de interesse:
☐ Psicologia ☐ Comportamento
☐ Crescimento interior ☐ Saúde
☐ Astrologia ☐ Vivências, Depoimentos

5. Nestas áreas, alguma sugestão para novos títulos? _____

6. Gostaria de receber o catálogo da editora? ☐ Sim ☐ Não
7. Gostaria de receber o Ágora Notícias? ☐ Sim ☐ Não

Indique um amigo que gostaria de receber a nossa mala-direta.

Nome: _____ Empresa: _____
Endereço: ☐ Res. ☐ Coml. _____ Bairro: _____
CEP: _____ - _____ Cidade: _____ Estado: _____ Tel.: ( ) _____
Fax: ( ) _____ E-mail: _____
Profissão: _____ Professor? ☐ Sim ☐ Não Disciplina: _____ Data de nascimento: _____

Editora Ágora
Rua Itapicuru, 613 7º andar 05006-000 São Paulo - SP Brasil Tel.: (11) 3872-3322 Fax: (11) 3872-7476
Internet: http://www.summus.com.br e-mail: summus@summus.com.br